中公文庫

空とぶ絨毯

堀内誠一

中央公論新社

目次

ギリシャ

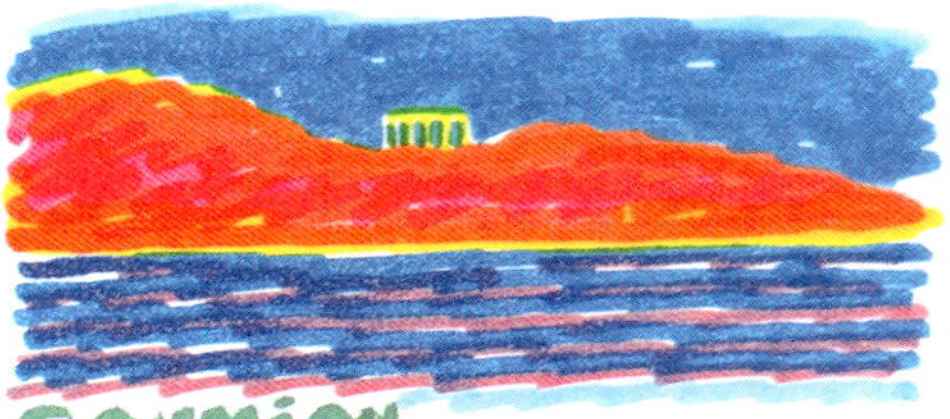
ΣOUNION

好きなところへ飛んで行ける、魔法の絨緞があったら……とまず思い浮かんだのがギリシャでした。なぜかというとパリに住んでヨーロッパをあちこち回っていると、こうした文化や生活のモトはどこなんだろうと気になります。それはギリシャ・ローマの時代だという。つい、ギリシャとローマを一緒クタにしてしまうけど、ずいぶん違うんじゃないかと思う。ギリシャの彫刻は今は真っ白の大理石だけども、当時は色が塗ってあって、髪は黒いし唇は真っ赤だったと知ると、これはもう雰囲気はオリエントで、ギリシャは西洋でも東洋でもないところだと思えてくる。そして、ギリシャから世界のいろんな行きたいところへ行ってみて、スケッチやスーヴニールで紹介していきましょう。

エーゲ海へ

明るい太陽とあくまで青いエーゲ海、飛び

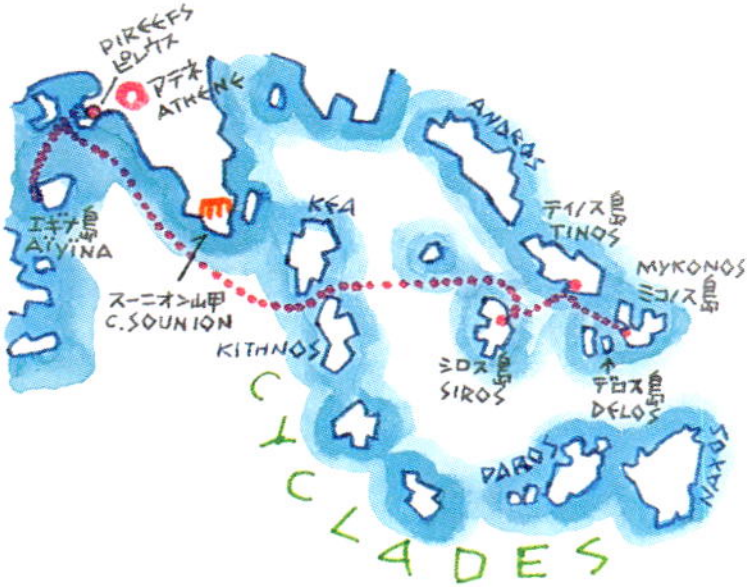

込んだら身体も染まってしまいそう。夏は涼しくて冬は暖かい、何しろ裸同然で人々が生活してきた健康地ですからね。

ギリシャとエーゲ海のイラストマップを描いてみたけれど、神話に関する場所、歴史的事件の場所、遺跡や美術品の見られる場所、そして今日のレジャー地と、沢山まざってしまうので十分というわけにはいきません。

僕と娘は成田から南回りで行ったけど、女房はパリを発つ時フランスの小学生の子にギリシャへ行くと言ったらば「へえ、ミトロジイ（神話）の国へ行くの」といわれたそうです。ラテン語は勉強させられるし、ギリシャ・ローマ神話の知識は聖書と同じかそれ以上にヨーロッパの人達の頭の中に座を占めているのでしょう。こちらはあわててギリシャ神話のダイジェストなどを読み直している始末。

古代ギリシャ人は物語を面白く作るのに天才的な人達で、英雄伝説など読むと、その名前以外なんにもないような所へ行っても、なんとなく感興がわくというほどのものなので す。いつの時代になってもギリシャ神話はこの国を旅行するのに最も面白い案内書であり続けるでしょう。

ミコノス・デロス島

アテネや空港からタクシーで海辺を走ると、目の前にいくつもの丘が家並でビッシリのピレウスの町が見えてくる。途端に「日曜はダメよ」のテーマソングが頭の中で鳴り出す。娼婦たちが腕を組んで波止場を行進してくる、あの影法師。

ピレウスは汚く、明るく、気さくな町で、三方に外洋行きの船やヨットの港を持っている。活気のあるのは連絡船の着く国内便の波止場だ。船と船との間隔が一メートルもない位にさまざまな船が並んで客を乗せているのは湾内の島に通っている船着場だ。近くのキクラデス諸島に行く船は、もう横付けの立派な船で汽笛を聞くとマリウスのように早速でも乗り込みたくなる。

ホテルにパンフレットが置いてあった島巡りのクルーズは、一等料金で宿泊・食事込みなので高い。ラクチンのようでいて退屈と忙しさの繰り返しの団体行動はゴメンなので、自分で好きに行こうと、ミコノスへ行く便を聞いたら、波止場ぞいの旅行代理店で切符を買えという。見たらズラリとそうした店が並んでいて、さすが海国だ。ポセイドンという代理店に入ったら、料金はCクラス往復で一二一〇ドラクマ、島のホテルがここで予約できるのも便利。

八時半発。Cクラスは船の後部で上甲板は北欧からの若い旅行客でいっぱい、救命ボートの中までトップレスで身体を焼いてる。ミコノスまで六時間、昼食はバーでお弁当があり、Cクラスのセルフサービスの食堂、Aクラスのレストランにも入れる。ギリシャの人達がいっぱいいで、彼等のおしゃべりのすさまじさがよく分った。バスの中でも興ずれば踊り出したりするんだから。外洋に出ると空も抜けるように澄んだ青になる。スクリューに驚いて空中に飛び上がる魚を追ってカモメがどこまでも付いてくる。島影が近づき白い家々の町が見えてくるのは幻想的だ。

船を降りて宿探し、土産物屋の青年が紹介してくれたペンションは二人で一四〇〇ドラクマ、もっと安いのもあるだろうけど、クルーズ料金だと全体で一人四～五万するのに比べれば目茶苦茶に安い。ちっぽけな部屋だが乾燥していて清潔で、シャワー付きだった。

ミコノスの町は狭い通りに土産物屋や流行のブチックだらけ。ディスコやらもあって、

北欧の観光客がゾロゾロ。迷路のような町をうろついて路地のレストランに入る。魚料理よりも女房がやたらにナス類を食べたがって、肉やチーズとオーブンで焼いたムサカや、揚げたのやらを食べていたら、船で一緒だったバーゼル生れの女《ひと》が二度も通りかかったのでお菓子を一緒にする。ギリシャが好きで毎年来るとのこと。港の周りはコスモポリタン的だけど、丘の方の住宅地からは牧歌的な風景が広がる。風車は風の強いミコノスの名物だ。家々が寄りそって建っているのも風をよけるためだ。

　朝九時にデロス島に行くボートが出る。僕の目的は古代都市の遺跡がある無人島のデロスだ。目と鼻の先の島だが潮の流れと風があってボートは木の葉のようにゆれ、波が見上げる高さになったりする。海の色は染まってしまいそうな青。

　アルテミスとアポロンが生れたと神話にある浮き島デロスとは輝く島の意味だ。赤や黄

の野の花が咲き乱れる石っころだらけの小島には、大きな都市があったと思わせる円柱や台座の白い断片が蜒々《えんえん》と散らばっている。劇場の跡もあるし、お金持ちの屋敷跡には三層もの地下室やモザイクが残っている。ボートにいっぱいだった人達も思い思いに散らばってしまうと人影も消えてしまう。

　デロスはギリシャ海上軍事同盟の中心として分担金が集中して栄えた。この都市が一挙に滅びたのは、アテネに伝染病が流行った時、デルフィの神託でデロスをお祓いすることになったために、埋葬されていた遺体まですべて掘り返されて他の島に移ったからで、以後この島で子を産むことも死ぬことも禁じられて無人島になったという。ライオン像通りとヘラの神殿の一部、ディオニュソス神殿前の男根だけが日にさらされていた。

アテネ

アテネの町のあちこちでトウモロコシを焼いて売ってる。醤油があったら、と一瞬思ったが、それはアサハカな習慣なのがスグ分って〝こりゃウマいや!〟と叫んだ。オジサンのふってくれた塩だけ、というのがいいのだ。固く身がしまって香ばしい。この小柄な品種のは日本では姿を消してて、焼い

てカジるにはクリーム種じゃないのがいいに決ってる。歯に皮がはさまったりしないしね。ギリシャの焼けつく太陽と大地の味。暑い国では身体の要求にピッタリの嗜好品を考え出すもので、オリーヴの実もそうだけど、塩味の豆や木の実をボリボリやる習慣がある。ピスタチオも、ブドウの酢ですっぱ味も加え、中身の緑を鮮やかにしている。

日曜はタダよ、の国立考古学博物館は外国人で込んでいる。陳列品は裸の彫刻が多いが、見てる方も裸だらけで肉体品評会。ギリシャの人は信仰上からあまり裸にならず、裸なのは北からの旅行者かイタリアの労働者だと聞いたが〝わざとああいう格好すんだから、北欧のコは〟と娘がいったフンドシ姿みたいなモニカ嬢やオットーたちは、古代の明るい開放感に盛んに同調しようとしている。

子供がすぐ彫刻のオチンチンにさわりたがるので母さんにしかられる。でも彫刻は、本当はさわれたらいいな。

プラカ地区の聖ニコラス・ランガヴァス教会裏のペンション入口で、ここは安そうだけど冷房なんてないなとのぞいていたら、

後ろからザックをかついだ若者がサッと飛び込んで〝ヤーイ俺の方が先だぞ〟という顔をして可愛かった。どこかが満員で断られてきたのでしょう。

この隣にマジックバスのオフィスがあった。ロンドンやパリから発ってあちこち泊まり、到着先でバスを売り飛ばしてしまう式の便が、ペルシャやインドに向けて出ていて、とにかく最も安い交通手段なので利用する若者たちが増えて、今や定期便化した。

ギリシャはハイカー青年たちの楽園で、海で魚を釣って魚屋に売って暮らした話も聞いた。安宿もいっぱい。野宿も快適、物価

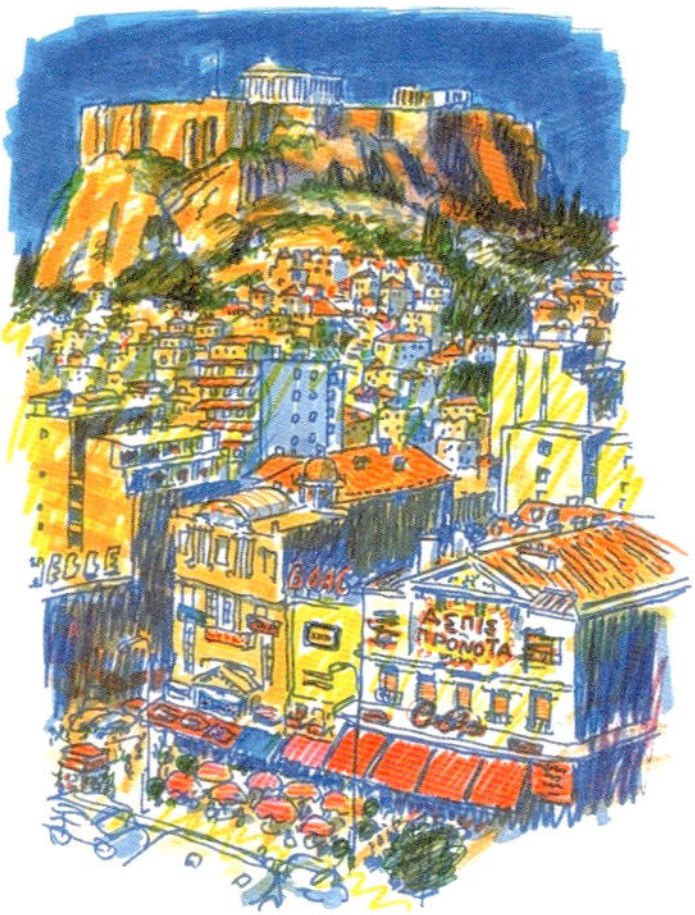

安、人々もおおらかでヒッピー風の若者に眉をひそめたりしないのだろう。通りで金物細工を並べて岩波文庫の「パリの憂愁」を読んでいる。

タベルナというところで食べるのが安上がり。他にウーゼリーと呼ぶ、ウーゾというアニス酒の居酒屋でも、ツマミ程度のものが出て食事ができる。いずれにしても、仕込んだものをそのままかチョッと温めて出すのがギリシャ料理の基本だから、店内に入って惣菜みたいに並んでるのを指させばいい。

どこでもあるのはサラダ（山羊のチーズのせ、なれれば臭くなく塩味と思える）、ケフティデスという肉団子（ウンコみたいな形のもあり）、挽き肉とナス、トマト、ポテト、チーズを炒めてホワイトソースをかけて焼いたムサカ、ブドウの葉で肉をくるんだシソ巻きみたいの、米の入ったミートボールのスズカキアなど。ブドウ酒は黙ってれば松ヤニの匂いをつけたレツィーナが普通。なれるとこの妙な味も暑気払いになる。ギリシャ料理は油っこすぎるというが、ウチの家族は全員ヘイキだった。

デルフィの神域

アテネから一七〇キロ

で雪も残っていそうなパルナッソス山に近づく。頂は神々の国に続いて雲でかくれていた。南斜面の荘厳な場所にアポロン神殿を中心としたデルフィの神域がある。古代ギリシャ人の信仰の地で、アポロンの神託が人々の運命を決定した。ここが〝世界の中心〟だった証拠に〝大地のへそ〟と呼ばれる石がある。

　道路の脇に並んでいる小さなお堂はなんだろう、と気になった。デルフィにバスで行く途中、いく

The Delphic omphalos (umbilicus) covered with the agrenon
ΜΟΥΣΕΙΟ ΔΕΛΦΩΝ 'Ομφαλός

ら宗教心あつい国柄にしても多すぎると思った。一カ所に三つも四つも建っている場所もあるし、聞いたら交通事故で亡くなった人のために遺族が建てたものだそうです。

背の高さほどの立派な教会の模型のようなものもあるし、郵便ボックスのような簡単なものもあります。ガラス越しに中を見ると、水を入れた瓶と、聖ジョルジュ様のイコンが入っているのでした。

アポロンの聖域から望む青味を帯びた山々を背景に、三本のドリス式の柱を残しているのがアテナの聖域。紀元前七世紀に建てられたが何度もの地震でこわれ、神殿は土台だけ。この円形の建物は何に使われたものか不明、床は黒の大理石だったという。近くにピューティア祭競技の選手たちの練習場も残っている。

アポロンの神域に入るには手前のカスタリアの泉で身を清めなければならないのだが、観光バスはおかまいなしに入口のアゴラまで来てしまう。

神域は見上げるような山の斜面にあって、つづら折りの参道の両側にギリシャ各地のポリスから奉納された宝物殿の跡が並んでいる。神殿は柱が数本残るだけだが、背景はファイドリアデスの大断崖《だいだんがい》で、岩が日を受けると白く輝いて神々しい。神域から見た前方は谷で、向うに青味を帯びた山々の影があってその対照は雄大で神秘なまでに美しい。谷から

吹き上げる冷風がオリーヴや松の林を騒がせ、垂直のサイプレス（イトスギ）だけが、不動で荘厳だ。確かにここは信仰の地にふさわしい景色だが、海洋民族のギリシャ人は山や奥地は苦手で、神々の住み家ということにしてしまったらしい。あれだけ合理的で人間的な哲学を生んだのに、大事となると、ここデルフィでいちいちアポロンの神託をあおいだというのも面白い。

神託は絶対だった。デロス島の都がいっぺんに取りこわされたのもお告げだし、解釈をとりちがえて国を滅ぼしてしまった例もある。デルフィは神託を求める都市からの金で栄え、祭事の時は戦争中の都市も休戦して協力したが、末期になるとデルフィの富を都市間で争うようになり荒らされた。しかしデルフィ博物館に残されたアルカイック期からローマ時代までのかつて奉納された美術品は見応えのあるもので、アポロン神殿の地球の中心を示すへその石は鎖でがんじがらめの彫りがしてあるだけのものだが、「アカンサスの茎の柱の踊る乙女」「御者の像」「ア

ンティノウス像」などは神品のよう。御者の青年は背がスラリとして端正な顔、睫《まつげ》のついた目は生き生きと輝いている。優れた彫刻は音楽のようなものが周りの空間を満たすような気がする。この像だけで一篇の映画だって作れる。

迷宮クノッソスの百合の王子

クレタは魅力ある伝説の島。船だと一一時間の長旅なのでオリンピック航空、機はディオニュソス号だった。それぞれ神話からの名前がついている。でもイカロスはないだろうな、父のとめるのを聞かず太陽に近づきすぎて翼のろうが溶け、落っこってしまったのだから。

その人力飛行機を作った父のダイダロスがクノッソス宮殿を設計したのかも知れない。発明家でミノス王の妃が牡牛と交わるために牝牛の形をしたセックス機械を作ったという。何せ、妃は美しい牡牛に恋をして牛頭人身の怪物ミノタウロスを産んだ。

エーゲ海一帯を支配していたミノス王はクノッソスに迷宮を作って怪物を住まわせた。それでアテネ人は九年に一度、七人の未婚の男女を怪物の人身御供にクレタへ送らねばな

らなくなった。そこで英雄テセウスが自ら加わって怪物を退治する。彼に一目惚れしたミノス王の娘アリアドネが迷宮に導く糸を与えたので無事脱出できた。

この伝説が本当だったことを証明したのは英国人アーサー・エヴァンズが一九〇〇年から始めた発掘で、クノッソス宮殿の遺跡が現れた。同時に壁画や美術品も発見されて、サントリーニ島の噴火やギリシャに滅ぼされて消えていったヨーロッパ最初の文明の姿を知ることができる。

丘をおおうように建てられたクノッソス宮殿のおびただしい部屋の複雑な配置は正に迷宮そのもので、平屋根で円柱の上が太い様式はギリシャとは似ていない。当時の姿を想像できるが、おもちゃの〝ロゴ〟を積んだような感じはパリ郊外の新都市住宅群に似ていなくもない。暑い陽をさけてどこへでも行ける構造で、三層四層の吹抜けは寒いほど涼しく、居住性は中々良さそうだ。

魅せられるのは、西洋ではなく東洋とも違うミノア文明の美術品で、抽象的な模様でなくて素直であどけない、そして優美な自然主義だ。百合《ゆり》の花の咲き乱れる壁にスックと浮き彫りにされた王子の姿の何と気持ちよいのびやかさ！

それとミノアの女性の服装ほど格好いいものが他にあるだろうか。女性はクレタでは神事を司る重要な役で、地位も高かった。牡牛が礼拝の対象だったことが、ギリシャ人にあの物語を考えつかせたのだろう。

イラクリオンに飛行機が着く。泊まったのはクノッソスの発掘品が沢山ある考古学博物館に近いアマリアホテルだったが、小さな町なのでどこだって同じ。エレフテリアス広場からクノッソスに行くバスが出ていて一五分。とにかく遺跡に行って、澁澤龍彥さん夫妻もすっかり満足、皆で近くのブドウ棚のある、そしてヒルガオがいっぱい咲いて色で染まってしまいそうなレストランに入った。クレタはギリシャで一等美味しいブドウ酒の産地、暑かったから白、野趣豊かでいける。ギリシャの料理屋のメニューは時に各国語で書いてあるがスペルは目茶苦茶で、しかし発音記号だと思うと読み易い。ポアッソン（魚）がポイゾン（毒）と書いてあるし、バーベキューはB・B・Q。ギリシャ

こんなに大きいのもある
イラクレオンの海綿や
あまりにもカマになりすぎていると思ったが
ツイ買ってしまった。

イラクレオンの老人
ジュズを何時も
手に持って遊んでいる
健康法という。

文字というのも、クノッソスの綴りがいろいろあって全部正しいらしい。

イルカに乗ったトリトンの浮き彫りとヴェネツィアの獅子像がある噴水（クレタはヴェネツィア領だった）広場が盛り場で外国人客相手のタベルナや土産物屋が集まっている。そこから南へ向かう路が市場街、瓜の水筒やら、石のジュズやら、彫刻作品のようなパンなどのクレタ名物を売っている。澁澤さんは大きなウニの殻を買った。

そこから西へ行くとクレタ第一の大聖堂ミナス教会があって、イコンを収めたお堂にクレタ生れのエル・グレコの先生だったダマスケスの作がある。

クレタはつらい歴史を経てきているのに、人々は訪問者に寛大で親切なのがこうして町を歩いていても伝わってきて、しばらく住んでみたいような国だった。

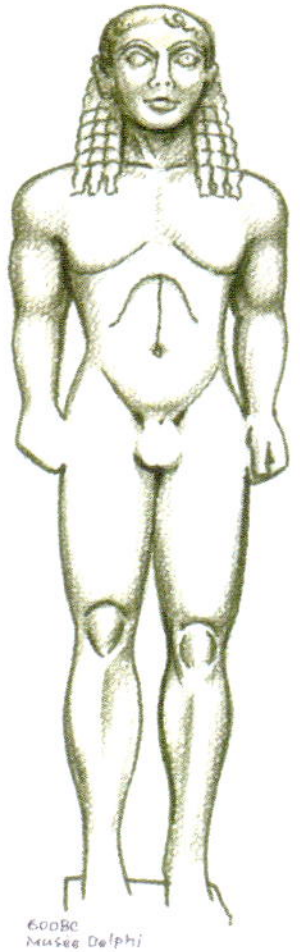

美しい人体

古代ギリシャ人ほど終始一貫、人間中心、人体の美とエロスを讃えつづけた民族はいない。ギリシャ美術の永遠の明るさはエーゲ海の太陽のように人の心に射しつづける。

どこの文明でも人体と生殖器をまず作るのはそれに関心のある子供と同じで当り前だけど、ギリシャ人が人体の美に理想を追求しつづけたのは、やはり市民平等のポリス社会が生んだ自発心だ。太陽でも月でも擬人化しなければ収まらないほど人間中心。民族の発展も無限と見えた時代にはアレクサンダー大王が自らを神とする指令を出して、国民はそれを当然と受けとった。ギリシャもヘレニズム時代を絶頂に、ローマが文化を引き継ぐことになるが、子供が成人するような経過をアテネの博物館やデルフィ、オリンピアの美術品を通して眺められる。人体に限って見れば、ゴーレムのような土人形が精神を持った人間に変わるのだ。

あまり古い時代はとばすと、前六世紀頃エジプトの影響を受けた、片方の足を踏み出したポーズの男性像が現れる。エジプトと違うのは丈夫一点張りの戦士像で、特に太腿とお尻が発達している。馬に乗った民族を見て、半人半馬のケンタウロスを想像したほどだから、役に立つ男は歩いてどこでも行けるのが立派で頼もしかったのだろう。こうしたアルカイック期の彫刻はアルカイックスマイルと呼ぶ表情が特徴的で、ギリシャ彫刻はアフガニスタンを経てインドに伝わったので、仏像の表情にも同じ古式の笑いがただよう。

人間の模型みたいな生硬なスタイルも何百年か続くうちに解剖学的に正確な筋肉が現れる。文明が自然科学に向かった反映か、この時期のものは不思議な魅力で、生身の人間みたいになまなましくて、それで硬直し、眠っているエロティックな人形みたいだ。それが動きだすのが次の厳格様式で、凍りついた運動のポーズをとって、初期の写真に似ている。まだ流れるような動きはないのに詩か音楽のようなものがただよう。

デルフィの「御者の像」を三島由紀夫氏が大好きだったという。この顔は端正で純真で、たたずまいには荘重な詩があって、周りをあきずにめぐってあきない。しかし青年の献身的な姿は何か悲劇的な美しさだ。

実際、ギリシャ人たちが鍛練した肉体を誇示したのは、筋肉を強調させるためにオリーヴ油を塗って、それが大変な消費量だった記録でも分るが、オリンピアの競技にスパルタの連中が素っ裸で参加したのに皆が倣った。面白いことに、男たちの競技を若い娘は見物できたが、結

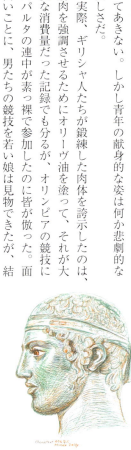

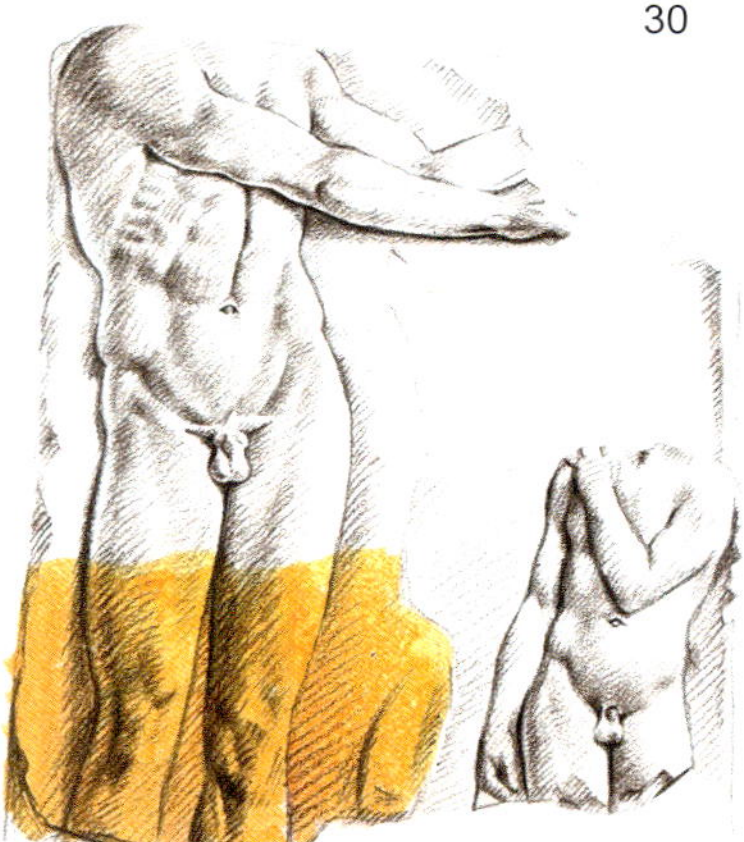

400B.C Athène Musée National

Parthenon
Musée Acropolis

婚をした女は禁止で、息子の晴れ姿を見たくて男装したのが発覚し、罰を受けたりしているが、要するに他の男に目移りさせないためで、当時の女性は求めるものを求めるのに勇敢だったらしい。

　自然で自在な表現を獲得した彫刻は後世の手本となる古典期の完成に入る。アクロポリスの建設はギリシャ文化の総合的な結晶だが、なかでもパルテノン神殿をレリーフで飾ったフェイディアスの作品は、その技巧、知性、精神的な高さで、人類の作ったもののなかで最も神性に近い。

百聞は一見にしかず、アクロポリス博物館かロンドンの大英博物館を見よ。

アレクサンダー大王のひらいたヘレニズム時代はギリシャの文化を東西の世界に広げたが、統一した国家とはならなかったギリシャの熟れた果実を引き継ぐのはローマだ。より若い民族は先進の文化を尊重するけれども爛熟の味や意味は分らない。多くの彫刻がローマに運び去られたが、我々の知識では相当乱れていたように見えるローマでは、ふしだらなことや官能にうつつをぬかすような行為はギリシャ的、と言われた。

ローマもその絶頂期にかげりが射すのである。最も幸せな時代と呼ばれる時の皇帝ハドリアヌスはギリシャ文化を愛好し、さびれたアテネにゼウス神殿を再建する。デルフィのアンティノウス像はこわい位の美少年の身体だ。胸の肉がふっくらと鎖骨も隠している。何も誇示しない筋肉が、豊満で愛らしい〝若さ〟を切ない位表現している。

北はブリタニア、南はシリアと駆け巡ったハドリアヌスは、同行していた愛するアンティノウスがナイル河で溺死したのを悼んで像を各地に作らせたが、美しいものを讃えつづけたギリシャゆかりの聖地デルフィに収めたこれが最も良いものとされている。

ギリシャ・スーヴニール

名残惜しいギリシャに別れる日が来ました。記念には何がいいだろう。許せばゾロタスで金の豪華なアクセサリーってとこだけど、金が似合う日焼けした肌でガマンしとこう。思い出はいっぱいたまった。

トラキア
ドラマ
DRAMA
クサンテイ
XANTHI
オレスティアス
ORESTIÁS
★ルーヴル美術館のニケ像はここの遺跡にあった。
サモトラキ島
SAMOTHRAKI
アトス山 2033m
ATHOS
★岬全体が聖地でギリシャ正教の本山
ビザンチン美術の宝庫
修道院が20もある
もちろん女人禁制
LÍMNOS
リムノス島
スポラデス諸島
ミテイリニ
★女流詩人サッフォーが生れた
レスボス島
LESBOS
PSARÁ
SKÍROS
スキロス島

●テッサロニキ

写真が出来上がったとこで回想すると、アテネに三泊してから北ギリシャのテッサロニキを訪ねた。

この町に澁澤龍彦さんの妹さんが商社の方と住んでいて、訪問中の澁澤夫妻と合流したというわけ。そうでもなければ寄る機会のない町で、ギリシャ第二の商工都市だが、何

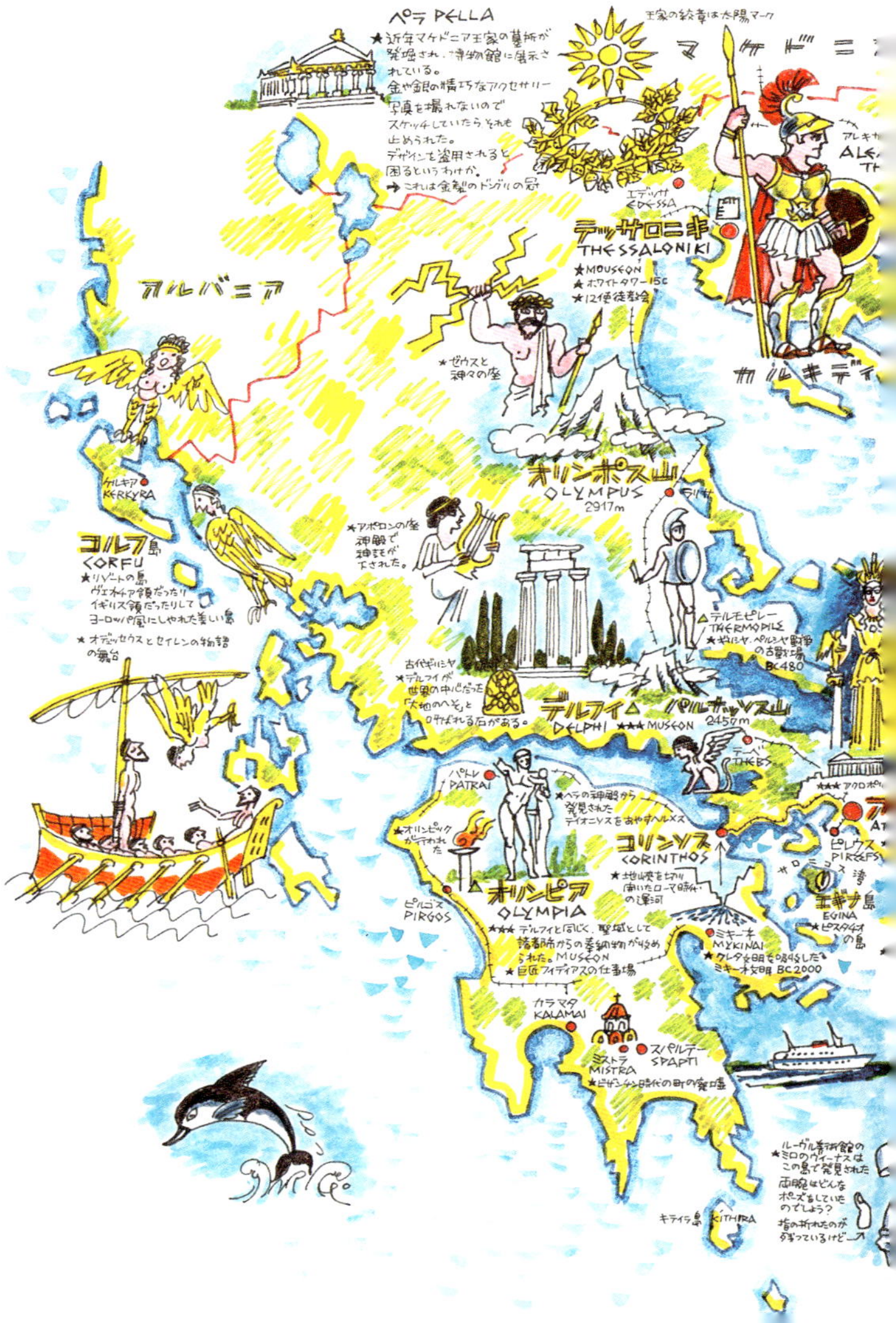

ペラ PELLA
★近年マケドニア王家の墓所が発掘され、博物館に展示されている。
金や銀の精巧なアクセサリー
写真を撮れないので
スケッチしていたらそれも止められた。
デザインを盗用されると困るというわけか。
→これは金製のドングリの冠
王家の紋章は太陽マーク
マケドニア
アレキサ
ALE
TH
エデッサ
EDESSA
テッサロニキ
THESSALONIKI
★MOUSEON
★ホワイトタワー 15C
★12使徒教会
アルバニア
★ゼウスと神々の座
カルキディ
ケルキア
KERKYRA
オリンポス山
OLYMPUS
2917m
ラリサ
コルフ島
CORFU
★リゾートの島
ヴェネチア領だったりイギリス領だったりしてヨーロッパ風にしゃれた美しい島
★オデュッセウスとセイレンの物語の舞台
★アポロンの座
神殿で神託が下された。
△テルモピレー
THERMOPILE
★ギリシャ、ペルシャ戦争の古戦場
BC480
古代ギリシャ
★デルフイが世界の中心だった
「大地のへそ」と呼ばれる石がある。
デルフイ△
DELPHI ★★★MUSEON
パルナッソス山
2457m
テーベ
THEBS
★★★アクロポ
パトレ
PATRAI
★ヘラの神殿から発見されたディオニソスをあやすヘルメス
★オリンピックが行われた
コリンソス
CORINTHOS
★地峡を切り開いたローマ時代の運河
ピレウス
PIREEFS
サロニコス湾
エギナ島
EGINA
★ピスタチオの島
ピルゴス
PIRGOS
オリンピア
OLYMPIA
★★★デルフイと同じく、聖域として諸都市からの奉納物が収められた。MUSEON
★巨匠フィディアスの仕事場
ミキーネ
MYKINAI
★クレタ文明を吸収したミキーネ文明 BC2000
カラマタ
KALAMAI
ミストラ
MISTRA
★ビザンチン時代の町の廃墟
スパルテー
SPAPTI
★ルーヴル美術館のミロのヴィーナスはこの島で発見された
両腕はどんなポーズをしていたのでしょう?
指の折れたのが残っているけど→
キティラ島 KITHIRA

度もの地震で古いものは残っていなくて、新市街の海岸に建っていたアレクサンダー大王の騎馬像も近年のものだったが、素敵だ。

僕は別に英雄主義ではないんだけど……しかしこういうの見ても感心するというのがソモソモ英雄崇拝か。

特に観光地でない当り前の町というのも今日のギリシャ人の普通の生活を知るのにむしろよくて退屈はしなかったが、何年も住んでちゃ退屈しますよ、というのもよく分った。アゴラに行って買物をするからと誘われた。広場を意味した名は今日は市場を指している。東洋人がまだ珍しいので、こちらの方が見物される側だ。

野菜はクルジェット《ルージェ》とフランスで言うキュウリとニガウリの中間みたいのとか、瓜類が多い。魚は金魚みたいのが美味だそうで、オコゼの親類だ。

ムール貝はオランダ産よりうまい。貝を売ってる店で、瓶の中で上下運動をしていたのはヒルだった。食用でなく瀉血《しゃけつ》のためで以前は東京でも見かけたものだ。医療品の類も売っているわけ。

パウロ伝に出てくる町だから、キリスト教との関係も深くて、近くのアトス山はギリシャ正教の中心的聖地だ。

バスやタクシーの運転席には成田山のお守りみたいにイコンが必ず飾ってあるし、宗教心は強く、エロスやサテュロスが跳梁したバッカス的ギリシャの影もない。

ギリシャではギリシャ正教徒と、そうでない者とでは、税金まで違うらしくて、正教徒だけが義務教育は無料。政教一致の国だ。

●エギナ島

ピレウスから快速船だと三〇分で日帰りできた。アポロン神殿が残っている。初めての島だったせいか建物のまぶしい美しさが印象的だった。

●クレタ島

クレタでミノア芸術にふれて本当によかった。それは一種の自然主義と呼ぶべきか、自然の観察に満ち、人間はまるでエデンのアダムとイブがそうだったような充足した主人公の位置にまどろんでいる。涼風の島と呼ばれたクレタの自然が適度なのがこうしたものを生んだのだろう。ダフニスとクロエの島もそうだ。湿度と温度が高くて、植物やら動物やらがやたらにはびこりすぎるところではその生命力に圧倒されて人間の意志はかえって萎縮してしまって悟りたくなる。逆に今度は乾きすぎて、何もないところの人間は極度に内面的な自我中心になって、神秘的な絶対的なものを作り出そうとする。

エーゲ海はギリシャ人が入る前にひとまずこうした文明を用意していた。そこにある程度知能があるというか子供のように元気のいい民族が来て寄生者になったのだ。子供のように何でも擬人化する人達が、星に名前をつけ、水仙にナルシスの話をつけるというふうに、少し意志の強い自然があって、自然科学が生まれ、それが自然な写実的な芸術を作り出した。

ギリシャ旅行というと船のクルーズで、クレタに寄るのは最低三日、これにはミコノス、デロス、ロドス、サントリーニ島も含まれて（二五〇～四一〇ドル）、どう考えてもこれは殆どが船の中で、陸へ上がったら駆け足。退屈な船上でギリシャダンスなんかを習ったりするのも経験だけれど。

●ミコノス島

ホテルを紹介してくれた土産物屋をのぞいてみなきゃ悪いわね、と入ったらマズイことに金製品ばかりの店だ。あまりこういうところに入った経験はないけれど、アレクサンダーの出土品など見たあとでは、僕もつけてみるかなと思ったりすると冷やかす気も出てくる。この

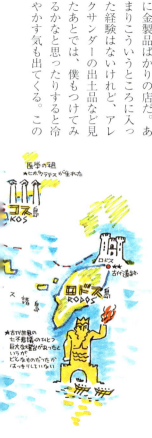

KHÍOS
キオス
ÁNDROS
★"エーゲ海に浮かぶ白い宝石"と呼ばれる通りの白い家が並ぶ漁村
お土産屋がひしめいている。
サモス
SAMOS
ピタゴリオン
★ヘラの神
シロス島
SIROS
★船からのながめが美しい町
シロス
ミコノス
MIKONOS
ミコノス
デロス
DELOS
★ゼウスとレートの子
★アポロンが生れた島。
★ヘラが嫉妬のあまり全世界にレートが子を生む場所を提供するのを禁じたとき浮き島だったデロス島が彼女に場所を提供した(ギリシヤ神話)
キクラデス諸島
NAXOS
PÁROS
ミロス
ミロス島
MILOS
★火山でできた島
鉱石で栄えた。
ミロスの町は丘の上にある
古代墓所の跡
★三日月型をしてるのは火山の爆発のため
サントリーニ島
SANTORINI
(テイラ)
テイラ
THIRA
アトランティスとはこの島のことではないかとも言われる。
神秘的な島
★クレタ島はヨーロッパで最初の文明
ミノア文明が栄えた。
★★★イラクリオンのMOUSEON
★★★ミノス王の宮殿跡
ハニア
HANIA
★ヴェネチア風の家並み
レスィムノン
RETHIMNON
イラクリオン
IRAKLION
クノッソス
KNOSSOS
アギオス・ニコラウス
AGIOS NIKOLAOS
★リゾート地
★古代宮殿跡
フェストス
PHAISTOS
クレタ島
KRITI

国では金に限らず肌につける装身具屋が多いが、確かにコンガリ焼けた肌に金は似合う。服なんかやめても何かつけたくなる。金は銀やダイヤや真珠よりずっと健康的なものだ。女房はいつもなくしてばかりいるくせに耳飾りの一番安いのを買ったらしい。

●デロス島

この島がくっついてなきゃミコノス島も実はイミがないので、遺跡にもいろいろあって盛時のまま噴火で灰にうずもれたポンペイを別格として、発掘で日の目を見るのが普通だが、ここは取り壊して住民が引き揚げたという場所。

神託によってとも、また、エーゲ海中の要地として海賊行為や奴隷市場で栄えた都が海賊に滅ぼされたとも伝えられる。

無人島なのがいい。船から降りた人達のなかには、遺跡と全然関係ない方へどんどん行ってしまうのもいて、彼等は人のいない海岸で一日を過ごすのだろう。

イタリア

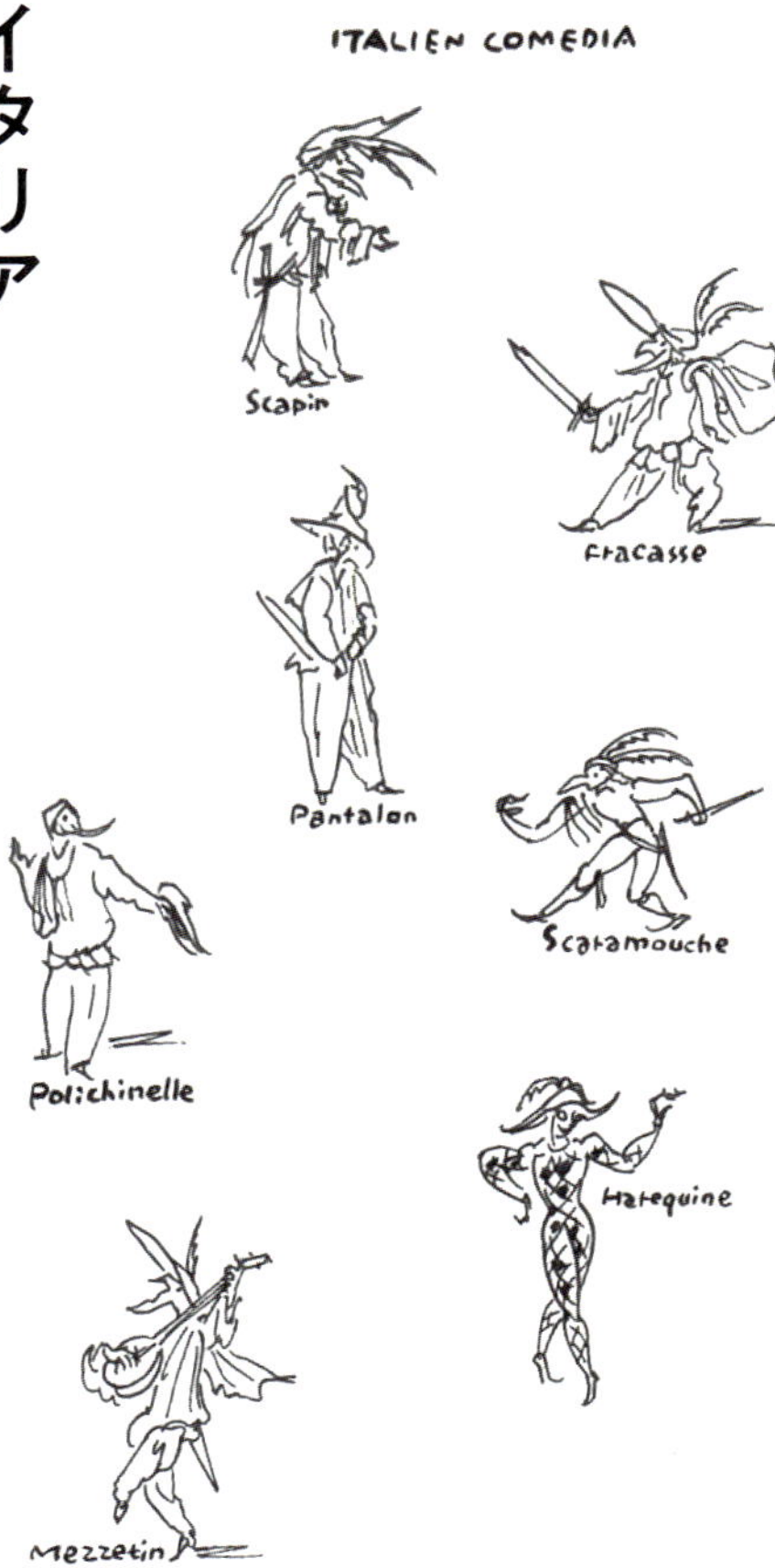
ITALIEN COMEDIA
Scapin
Fracasse
Pantalon
Scaramouche
Polichinelle
Harequine
Mezzetin

Les Peintres ITALIENS de la Renaissance

リミニの渚

空とぶ絨緞はふたたび地中海へ。イタリアとバルカンにはさまれた細長いアドリア海は、ポピュラーなレジャー地帯。ヴェネツィアをはじめ、中世ルネッサンスの歴史的舞台として興味つきない北イタリアを訪ねてみます。

アドリア海は暖かい。ユーゴ側だったけど、一〇月末、山の方は凍えそうなのに、海に出て泳げたことがあった。アドリアのリヴィエラ、リミニはポピュラーな海水浴場、整備された砂浜が五キロも続いて、ドイツやフランスのレジャー客を引き寄せる大産業だ。リミニというと、確か、映画監督のフェリーニが生れた所。平凡な田舎町の生活と、そこから脱出する若者を描いた「青春群像」はここが舞台かも知れないが、町は活気がある。

絵葉書にロミオとジュリエットみたいなのがあった。リミニのフランチェスカと呼ぶ多情な女性の恋愛の場面で、相手はマラテスタ家の男。ダンテが神曲の地獄篇に書いた有名な話らしい。リミニの領主マラテスタ家には変わった人間がいて、町の目抜き通りに、窓

の少ない巨大な聖堂が建っているが、これがマラテスタ家代々の墓所で、シジスモンド・マラテスタが、七歳の幼女の時から見初めたイソッタのために、彼女の生前から建て、共に眠っている。イソッタは遂にシジスモンドとの結婚をこばみ通して死んだというのだから、おそろしい執念と自己本位の男もいたもので、海岸で肌を焼いてきたのに肌寒くなってきた。

ヴィツェンツァの劇場

北イタリアでゲーテが見たがったのはパラディオの建築だった。ヴェネツィア領に入って、早速、オリンピコ劇場に感動して書き送っている。古代都市をマニエリスティックな遠近法で舞台に実現したパラディオの最高傑作。

ゲーテの「イタリア紀行」はいまだにガイドブックとしての価値を失っていない。あま

り忠実にその通りするとフィレンツェを素通りしてしまうことになるけど、好みも変わっていて、それが時代の子ということか。

ヴェネツィア領に入って張り切り出しているのはルネッサンスの建築家アンドレア・パラディオ（一五〇八〜八〇）の作品が見られるからで、ヴィツェンツァの町の市民についても、ヴェローナよりも感じがよくて美人も多いとまで贔屓している。

この町の広場にある大建築バジリカは古いゴシックの議事堂をかこんで造った初期の作品で、条件的に不揃いのある点をゲーテは同情して〝自分の避けたいものと求めているものが並存している〟と表現する。

パドヴァでパラディオの作品集を遂に手に入れて、それが英国人の発起によると知って、英国人は良いものを評価する眼識を持っていると書く。パラディオのファンなのだ。

〝えもいわれぬほど美しい―高貴富裕にして教養ある子供のもの―神的なものがあり―虚

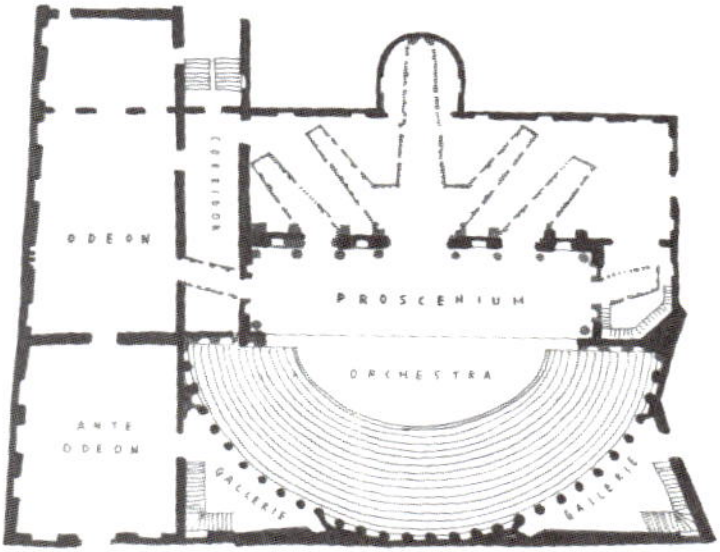
ODEON
CORRIDOR
PROSCENIUM
ORCHESTRA
ANTE ODEON
GALLERIE
GALLERIE

実皮膜の間から第三のものを造り出し、それの仮の存在を以て吾々を魅了し去る大詩人の通力と全く同じ〟と賛嘆し、設計が多くは請負人の能力を超えている、など反論のしようもない位に感心しているのは、このオリンピコ劇場だ。残念ながらゲーテの説明では一体どんな劇場か分らない。〝眼の当り見て初めて解るもの〟という調子。全くだけど。

ゲーテも素晴らしい子供だと思った。この舞台の背景は古代的理想都市の街路が実際以上に遠くへ延びているようにニセの遠近法で作られている。俳優が奥へ進むと実は巨人になってしまうが、それはさほど気にならなかったろう。

今日でも演劇が上演されているが、演《や》ってなかったので、これは想像図。パラディオの建築はこれからヴェネツィアに向かう途中にも数々あるので見るつもり。

ラグーナの午後

ヴェネツィアは潟の上に浮かんでいる。沈みつつ、と言うべきか、ゲーテの頃すでにあと一〇〇年の命と言われた。美人薄命というには、ずいぶんの年だが、そうした退廃の影がヴェネツィアの美しさだ。とろりとした潟からたちこめる蒸気、夕日の光が空と水のけじめをなくす時。

ゲーテの頃はパドヴァから運河を舟で下ってヴェネツィアに向かったらしい。パドヴァはジョットのフレスコ画のために建てられた礼拝堂（驚くほど鮮やかに色が残っている）や、ドナテッロの彫刻が立つサン・アントニオ教会といくつもの礼拝堂など、見物にことかかない。昔の姿のまま宮殿が市場になった活気のある広場。パドヴァから潟に出る運河ぞいはヴェネツィアの金持ちがこぞって別荘のヴィラを建てた。ここの方が乾いて健康にいいからだろう。最も豪壮で宮殿といった方がいいのは、ストラのヴィラ・ピサニにあるヴィラ・ナツィオナーレで庭園が美しい。

ゲーテのお目当てはマルコンテンタのヴィラ・フォスカリで、パラデイオの設計だ。パラディオではヴィツェンツァのロトンダも見た。円天井の正六面体の四方にギリシャ神殿風の入口をつけたもので〝これほど贅をつくしたものはあるまい〟というのは、玄関に殆どのスペースを使っているからだ。マルコンテンタ辺りから今では石油・化学工場の匂いがしてきそうだが、こんなところに、と思う立派なレストランがあって、潟や海でとれた美味しい料理が出た。

潟には小島が沢山あって人が住んでいてボートが通っている。ヴェネツィアングラスのムラーノ島は着いたらお客を工場に引き込んで作ってるところを見せて帰りはショールーム。観光客が多いところだが、少し離れてグッと村っぽくなるのはブラーノで、レースの学校があってレースと漁師の島。魚料理を食べるにもここが安くて美味しいので泊まった。家々の壁が思い思いの色に塗ってあるのに不思議と調和して、どこを描いても絵になってしまう。

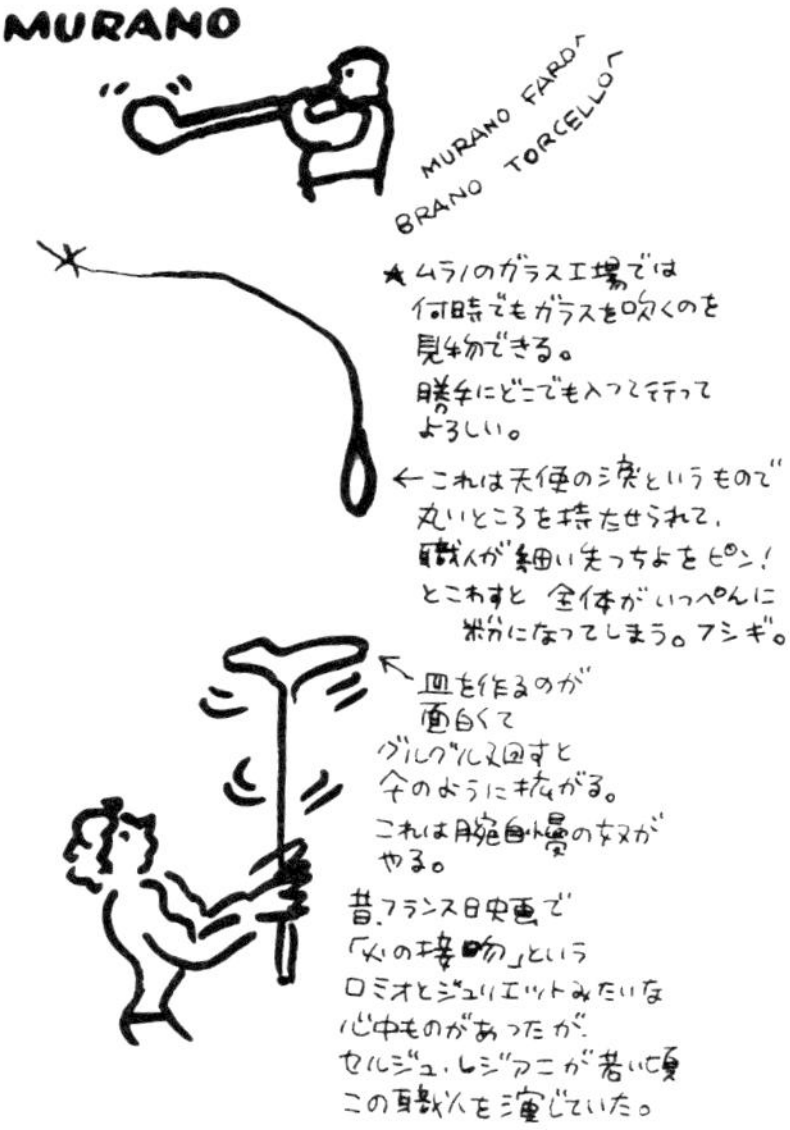
MURANO
MURANO FARO
BRANO TORCELLO
★ムラノのガラス工場では何時でもガラスを吹くのを見物できる。
勝手にどこでも入って行ってよろしい。

←これは天使の涙というもので丸いところを持たせられて、職人が細い先っちょをピン！とこわすと全体がいっぺんに粉になってしまう。フシギ。

皿を作るのが面白くてグルグル廻すと今のように拡がる。

これは腕自慢の奴がやる。

昔フランス映画で「火の接吻」というロミオとジュリエットみたいな心中ものがあったが、セルジュ・レジアニが若い頃この職人を演じていた。

ここまで来たら目と鼻の先のトルチェッロを訪ねたい。聖堂のモザイクはマリア像を中心に置いた、息をのむような単純で力強い構成で、ビザンチン美術の最高傑作だと思う。

中世の初め、マラリアも多い最も住みにくい湿地の土地を選んで修道院が建てられた。ヴェネツィアの陽に対して陰というべき所だったが、今は健康になりに北欧から来る位だから大丈夫、ミシュラン＊印の料理店もある。

ヴェネツィアのカルパッチョ

ヴェネツィアにはもう六回は来ているのに、好きなカルパッチョをよく見たといえるのは今回やっとだった。アカデミア美術館にはヴェネツィアーノ、ベッリーニ、ジョルジョーネ、ティツィアーノ、ティントレット、ヴェロネーゼ、ティエポロのヴェネツィア派の他に、マンテーニャ、ピエロ・デラ・フランチェスカ、メムリンクなどの大ごち

そうが並びすぎていて、一通り見るだけで大変なのに、二時で閉館になってしまう。それで、今度はカルパッチョしか見ないようにしたが……それでも閉館近くになった。

以前はジョルジョーネが好きと思っていたり、ティツィアーノに感心したりしてたが、好みは変わるもので、自分は本当にこれが好きなんだな、という心境に至るには実に時間がかかってしまった。せめて一年、半年、住んだら違うと思うけど。

ルネッサンスのクワトロチェント（一五世紀）の終りの画家、カルパッチョが見直されたのは、ごく近い時代のことらしい。圧倒的に偉大という感じとは別の、楽しんで描いている人だからで、全体の静けさもそうした満足感から来ているんだろうと思う。

カルパッチョの魅力は、まず面白いということだ。全体を眺めた上で、細部にいよいよ入って行く時は、何かこちらの魂が絵の中に旅立つような心地がする。

ミュゼオ・コッレールはサンマルコ広場を囲む建物の上階回廊で、ここに外のざわめきにじっと耳を傾けているような「二人の娼婦」の一枚があって、画家の資質が凝結している。

犬や孔雀や鳩がいる。小動物を描き込むのと、調度、小道具に細心の配慮をもって時代の趣向を伝えるのは彼の絵の特徴で、どうやらこの商売の女性はおいらんのような高い履物をはいているように見える。

脂ののった二人の表情もそうだけれど、顔が同人物のように似ているのが、何か悠久な時間を感じさせる効果を出している。

時代が下ると、ティエポロのような画家が出てくるが、それまではカルパッチョほどヴェネツィアの生活、雰囲気を町っ子の目で伝えてくれる人はいなかった。

十字架の伝説を題材にした大きな絵に、リアルト橋が登場して大運河に沢山のゴンドラが浮かび、家々からは洗濯物が棹で突き出されている有様が描かれる。

ゴンドラの漕ぎ手は昔も粋な役だったに違いなくて、櫂をあやつる動きは舞踊さながら。カルパッチョは男性の姿態の最も美しいものとしてタイツ姿を描き出す。船に乗った貴人たちもそれをうっとりと眺めるのだ。今日のゴンドラの船頭たちの中にだらしない格好のいるのとは比べものにならない。カルパッチョも美しいお尻の描き手だ。

たとえば、「聖ウルスラの奇蹟」のシリーズの一つでは、一〇〇分の一にも満たない部分に遠景として描き込まれた後ろ姿など。でも、これが絵葉書になっていた。

カルパッチョとは料理の名前でもある。それは仔牛のおさしみだ。聖ジョルジョの竜退治の絵や殉教図で無残な死体や肉片を描いた画家の〝生肉〟というあだ名だったのかも知れない。死体をこれほど美しく描いた人もいないが（ベルリンにある「死せるキリスト」）、アララト山の殉教図は無数の聖セバスチャンのヌード集のようだ。

カルパッチョの絵の人物の顔は聖ジョルジョにしても優しく、時たまぼうっと虚空を眺めている。「植民地からの帰国」の男のように、かたわらの犬も同じく海を眺めている。いつまでも。

〝リアルト橋は容易に分った〟とゲーテが書いたのも、道を間違えなかった自分に感心しているので、誰しもここではくつろいだ旅人になり、立ち去り難くなる。種々の印象が深くしみ込むと、そこに魂の一部を置き忘れてきたような気になるものだ。

オートルートから見たサンマリノ

サンマリノの砦

海岸のリミニから、青味がかった岩山が見える。この天然の要害が、サンマリノ共和国。天然の要害だから、戦国の世を経て、一四〇〇年間も独立を守りつづけてきた。今はブドウ酒と切手の国。

とかく見晴らしがいいと最高点がついているミシュラン・ガイドでは三ツ星の評判。イタリアの人もサンマリノはモルト・ベーネだというのでタクシーで向かう。リミニから二三キロの近さ。

ブドウ畑のなだらかな丘を走って村に入ると〝歓迎・古い自由の土地〟とあるアーチをくぐって国境通過。モナコと同じでなんの検問もありません。山が近づくと、三つの砦があるのが分ってくる。サンマリノの紋章になっている砦だ。道はつづら折りになり、岩山が右に見えたり左に見えたりしながら、海とは反対側を登って城壁にかこまれた町に着きました。モンサンミッシェルか江ノ島みたいだと思ったのは、狭い道にビッシリお土産屋だからで、観光客も多くて、宿がとれるか心配なので観光案内所に向かう。あいにく日曜で休み。隣のレストランの上がホテルらしいので聞いたら、簡単に部屋がとれた。ホテルと土産物屋とレストランばかりの国なのです。

この場所が町で一番高いところにある広場で、部屋が最上階なので、見晴らしは良すぎて高所恐怖症になりそう。岩山全体が島のようで、前方は田園の向うにアドリア海が望め

イタリアとの国境。
実際には兵隊も
立っているわけで
はない。

（実はかすんで見られなかった）、後ろは谷ごしにアペニンの山々が重なる。ツイン部屋で二万リラは見晴らし代として安い。この地形でよく水に不自由しないものと感心しながらシャワーを浴びる。

さてこの町の守りはいかにと第一の砦に登ってみる。城の中の城といった構造で、幅一五〇メートル長さ五〇〇メートルの壁で囲まれた町も一望。第二、第三の砦は城外の守りで四〇〇メートルずつ離れている。これなら敵が攻めてきてもこわくない。

何とこの国の起りは四世紀にさかのぼり、キリスト教迫害を逃れて立てこもった石工サンマリヌスに始まる。第一の市民が石工なら、次は射手だろう。宮殿の裏手は弓の射的場だ。

独立国である証拠は各国の酒が免税なことで、国産のも驚くほど種類があり、甘いリキュールが多いらしい。第二次大戦中は中立国だが英軍の

La grima Cristi
VINO
ROSO
キリストの涙という
お酒の瓶

爆撃があった。ドイツ軍が逃げこんだのか。

夕暮れの空に賛嘆して気付いたら沢山の観光客は姿を消していた。リミニからの日帰りが多いらしい。切手と観光収入しかなさそうな国で、レストランがこんなにすいてて大丈夫かなあと心配になるが、税金が安いのか国民全員は観光業に血まなことというのでなくて、ひかえめで親切、素朴なのは山の人の気風か、それにしてもこう狭くちゃ明日もう見て回るとこがないや。

ラヴェンナの宝石箱

リミニを北上するとポー河の大平原。水田にかこまれた田舎町ラヴェンナ。ここごそ、かつて潟の小島につくられた西ローマ帝国の都。四世紀から中世の初めまで宗教、商業の中心として北イタリアで最初に栄え、ビザンチン帝国の占領はローマ文化に加え、ビザンチンの文化をもたらし、多くの寺院がモザイクで天国のように飾られた。その後、水の都としてのお株はヴェネツィアに移り、古都の面影は残された聖堂内部にのみしのばれる。

――というわけですが、〝君、ビザンチン美術ってのは日本人にいちばん合わないんだよ、あの金ピカ趣味〟と報道写真家の故・名取洋之助さんは言い、それでいて〝君、こういう趣味ないの？〟と見せられたのはどっかから引っこ抜いたモザイクの石でした。天然の色。あらゆる絵の材料のうち未来までも色が変化しないのは石のモザイクのわけで、作った時と同じなのです。これだけの色数を揃えるというのも大変で、ビザンチン帝国の大版図なくしては不可能。大変な手間だ。壁にうめる時はパステルの箱の巨大なものを持ち上げたのか、小僧がそれをひっくり返そうものならブンなぐられて、それが本当のお払い箱だ、などと想像する。

モザイクなら、何でもいいとは思わない。サンマルコ寺院のすごいのでも温泉のお風呂みたいに感じる時もあるが、ここだけは間違いなく誰しも素敵だと思うのは、ラヴェンナ、聖ヴィターレ寺院の庭にある小さな廟堂《びょうどう》ガッラ・プラキディアのモザイクでしょう。宝石箱の中に入ったよう、という表現は正にここのこと。

高貴な青い石を基調にした宇宙のパターンは、可愛らしく涼しげで、やがて、小窓にガラスの代りにはめられた、薄く切った大理石を通して入ってくる黄金《きん》の光に包まれた。

マントヴァのパラッツオ

ポー河の平野を少し入ると、ここはルネッサンス時代の興味津々たる舞台で、ヴェネツィアに隣り合わせた二つの公国、エステ家のフェラーラとゴンザーガ家のマントヴァがある。攻略に明け暮れた華やかな宮廷。

Piazza delle Erbe　Mantova

ルネッサンスのイタリアの宮廷はいずれも運と度胸でつかんだ成り上がり者の世界。やくざは見栄を張るもので、立派なパラッツオを建て、名だたる工房巨匠に飾らせて他と競い合った。それで芸術家も生れ、作品と、注文主の名も残る。

　イザベラ・デステの才気も度量もありそうな風貌はダ・ヴィンチのデッサンで知られる。それと、ついに肖像画を完成してもらえなかったことも。

　エステ家は他に、たとえばピサネッロの「エステ家の奥方」という真横の肖像画の傑作があったりして親しく、フェラーラを訪ねたら、あいにく城も美術館も休みで、美術館はあと七年も修理にかかるという気の長い話だった。でも聖堂にある活人画風のコジモ・トゥーラの「聖ジョルジョ」は見ることができた。

　ゴンザーガ家のマントヴァのパラッツオは外観は武骨そのもので、内部が華美なのはこの時代に共通の、宮殿は要塞でもあるからだった。複雑な間取りはガイドなしでは迷子になるが、くっついて行くのも、説明が長すぎるかと思えば、もっと見たくても羊みたいに追い立てられる。

最初の部屋もそうで、画家にお手当を払えなくなったのか壁画がデッサンのままで、洒落た効果と、仕事の手順を知るのに興味があったのに長居できない。

ここの名を高めたのはラファエロが下図を描いたタピスリーだが、それはかつての話になるだろう。それよりグレコ・ローマンの間《ま》の「マントヴァのアポロン」と呼ぶギリシャ彫刻の方があきない。アポロンの残酷な面が表れた顔と挑発的なお尻の美しさ。ツルツルに大理石が光っていた。

ありがたくない絵だらけの部屋のあとだと、カーテンばかり描いてあって、はためく布の陰に馬が隠れている趣向の間は息抜きになる。こうしただまし絵が多いのは、ルネッサンスも盛りということだ。しかしマンテーニャは立派だった！　この部屋がなければマントヴァも意味がない。

壁画は部屋の二面と天井画で、戸口側に狩の景。暖炉の上の位置にはゴンザーガ家一統がいる。ホリゾントが絵の底辺にある見上げた遠近法は、横たわるキリストを足の裏から描くことのできる画家の得意の巻だが、このリアリスティックな臨場感は、構図のみならず、彼の辛口《セック》な人物描写から発散してくる。

まずここで、ひそやかなのに目を惹《ひ》くのは幼く可愛い子供たちだ。それはボッティチェリのように、好みの愛らしさを花に散らしたのでなく、似顔である要求からも写真のように冷たく観察されているうえでの可憐さでだ。〃じっとしていろ〃と命令されて息を止めたような真剣な表情、しかし大人たちもそうなのだが……いや、たいした者共だ、何の尊さあって彼等は立派な服をつけているのか。領主は人が絵を描いているというのに、暗殺者のような男に秘密の命令を出しているのだ。こんな姿がこの時代の〃頼もしい男〃を表していた。

子供たちは生き馬の目を抜くような世間のまだ門口にいて無垢。だから憐れな哀しみをただよわせている。亭主よりも一枚上手のような奥方の脇にいる薄幸そうに老けた顔の少女、よくない性格の者に育ちそうな少年を見よ。それは奥方の後ろの子供のようでいて最も大人びたコビトに対照し、謎をなげかける。

天井画がそれらを冷笑気味に見下ろしてる。貴婦人にせまっている異教の男の歯が白い。羽根のある天使は完全に赤ちゃんで無関心に遊び、空には雲があって神は執行猶予中。マンテーニャは天国に通じていない天井画をあえて描いたわけである。

ロシア・ウクライナ・グルジア

EREVANへ行くバスの中
HOTEL ARMENIAの
CHANGEの人

メルヘンのような、という形容がふさわしい国はロシアだ。

プーシキンの詩のような、リムスキー・コルサコフの音楽のような、カンディンスキーの絵のような、魔法がつくった色とりどりの寺院、民話の王子と花嫁、熊使いや踊り子で賑わう市場。それがバレエの装置風の幻想にせよ、インスピレーションを生み続けてきたロシアの大地を歩いてみたい。

まだ秋が残っているウクライナに魔法の絨緞は飛んできました。

ウクライナ村の入口で

踏み固められた一条の道が、麦畑の中を木造りの教会のある村に通じている。初めてなのに、この景色は見知った懐かしさがあり、自分がどこからか帰ってきた者のような気がしてしまう。

ここはキエフの郊外、ウクライナ伝統民家野外博物園《ムゼイ》。各地の民家を移し集めた実はにせの村の入口なのだが、大きな風車小屋の立つ丘からの眺めは見事なアプローチだ。

こうした施設が必要なほど近年は生活の外観的画一化が進んでいるのはウクライナとて同様なのだろう。ソ連の一五の共和国中、ロシア連邦に次ぐ人口、さまざまな民族。山地、丘陵、草原、黒土地帯と変化に富み、日本の二倍近い面積のウクライナの田舎巡りをするのだから、広大な敷地なのは当然で、ひと回りするだけで一日たっぷりかかると聞いて覚悟してるから、園内の巡回バスは使わずに歩き始める。

初めに見えた村の入口に着くと、庭に椅子を出して編物をしていた老婦人が立ち上がって、家の扉の鍵をあけて説明をしてくれる。一人が二、三軒の家を受け持っていて、最初のは〝ごく貧しい小作人〟の住い。土間ひとつ、ペチカとはいえない炉だけの造りでみすぼらしい。

〝中くらい〟となると、庭に地下式の食料庫、家畜小屋があって、母屋は何人家族か知らないが自分にはうらやましい居住空間に思えてしまう。ペチカの裏側の天井とのあいだには暖かそうな場所があり、大力のイワンが三年寝ていたと民話にあるのはここだなと分る。土間にかやに似た柔らかでよい匂いのする草が敷きつめられていて気持ちいい。この清潔さは実際に住んでないからとも言えるけど、農民は外がぬかるみの大変な土地だろうと、家の中を快適に保つのに気を遣うのを、ルーマニアの田舎で経験したことがあるので、こうしたものだったろうと思う。

続いて村の鍛冶屋、陶器造りの家、小地主の家、役場、小学校と集落を成して立派な教会があり、キエフに近い地方の村をまず示していて、鍛冶や陶芸は日曜だと職人が仕事ぶりを来場者に見せるという。教会も実際にあったものを移したもので、革命の時にこわされたらしい鐘が庭に置いてある。

どの家がどの地方と詳しいメモをとる努力をしなかったが、殆ど土が材料の家から、木組みばかりのいかにも寒い山地の家、逆に枝で籠のように組んだ風通しのいい部分を持つ家という具合に、同じウクライナの民家といっても風土によって大いに違いのあるのが分る。

まだ先の山の中腹に村が建造中で、それはルーマニアに接したモルダヴィア地方のものらしかった。

それぞれの村を預かっている人はその地方のなりをしているのか、いかにも百姓をしてたのが足を痛めてこの役に回ったという感じの女《ひと》。かと思うと説明の仕方も教師風で、我々が日本人と知ると「エロシェンコを知ってますか？」と聞く、教養深い婦人もいた。大正期の我が国の文壇に影響を与えた盲目の詩人エロシェンコは、そう、ウクライナ生れだった。

五つも村を巡ってお腹が空いたので、谷間《たにあい》に隠れて建っている山小屋風の食堂に行く。もとお百姓らしい女《ひと》が教えてくれたのだ。

「そこは美味しいですか？」と聞いたら「私共には美味しいと思いますがね」という返事。

冷えた身体が熱いボルシチ（これがウクライナの名物料理、トマトでなくビーツで色を付ける）をほしがっていたがもうおしまいで、肉団子とお粥《カーシャ》が残っていた。魔法のお鍋から出てくるお粥が止まらなくなって外にあふれ、村に入るには道のお粥を食べながら進まなきゃならなくなったなんて民話を思い出しながら味わう。ひき割り麦の粥で、ここの見物のあとにはぴったりの素朴な頼もしさのある食事だった。

キエフのかえで林

キエフと聞くと、ムソルグスキーの「展覧会の絵」のクライマックス「キエフの大門」のねばっこいリズムが鳴りひびいてくる。

視界いっぱいの夕日をあびた城壁、あんこうの口のような半円のアーチの下を、これまたムソルグスキーのように髭もじゃの群集がリズムに合わせて荷を運んでいて、人にうずもれながら見上げると燦然《さんぜん》たる金色の教会の塔が何十何百と空へ空へとフーガのように昇っていく。

ロシア音楽が絵画的想像力を刺激するのに感心してしまうが、モ

スクワよりも古い都、キエフの一一世紀は本当にそんなだった。
　歴史博物館のジオラマを見ると、ドニエプル河の船着場はごった返した下層民の住居で、丸太を鉛筆のようにとがらせたのを打ち込んだ柵で囲まれて、ここにもいくつも教会があるが、本当のキエフは見上げた丘にあって、石の城塞は長城のように延び、寺の数といったら何百とあって数えきれない。
　今日、丘は森におおわれている。一一世紀以来、金の屋根を輝かせてきたペチェルスカヤ大修道院は、かえでの紅葉のまっさかりの中にあった。
　ロシアの聖所はたいていてい大きな

フライドポテト
口の中をケガするほど固い
キエフ風カツレツ
Катлета по Киевски
鶏
厚いコロモで中に
バターがたっぷり

鐘楼を持つ寺院群で、壁に囲まれている。ここも見張り台を兼ねたトロイツカヤ寺院の楼門から入る。いくつもの寺院と廃墟のある広場から細い石畳の坂道を下りたところに大寺院《ラヴラ》へ行くトンネルがあり、中腹の寺からはさらに長谷寺のような木の回廊があって地下墓所《カタコンブ》の入口に達する。これはローマのそれよりも大きく、一一世紀から一三世紀にかけてこの丘に住んだ修道僧たちのミイラが一〇〇体もあるらしい。

　丘から見渡すドニエプル河は雄大な中州をいくつも作って岸の白浜が明るい。そして河と反対側へなだらかに下りる斜面にキエフの町が広がって、森の木をひきつれている。森の都というが、どのアパートのテラスからも枯れたツタが下がってるのを見ると、夏は緑と花にうずもれるというのも分る。日暮れ時、とある建物を訪れたら、大理石の彫像のある泉を囲んだ公園が、レモン色に染まった落葉で明るい。道が行き止りなので気が付いたら、ここはどのアパートの裏にもある内庭にすぎないのだった。

　こんなうらやましい住宅街を下りたところが目抜きのフレシチャーティク通りで、ロシアのシャンゼリゼ。

　商店街が混雑しているのはソ連の場合、いつどこで目的のものが売られるか分らないのでその情報集めに歩くからで（ま、これはどこの国も同じだけど）、せっかちな人間の多いモスクワだと、僕が何気なしにウインドーの前で突っ立ってるだけで人が寄って来て行列ができ、割り込んできた人間の腰の一振りでこちらがハジキ出されてしまう（とは、冗談だけど）が、ウクライナでは人が少しノンビリ楽天的らしいのは元来豊かな土地なのと、それほど寒くならないからか。実際、ブルジョワジー的繁栄があったと思われる時代のウクライナ的装飾の商店、住宅の名建築が多い。フレシチャーティク通り中央の、飾り立てた双子の建物にかかったアーチの通りは童話の都のようだ。

世紀末から今世紀初めにかけての美術様式にはそれまで見られなかった国際的共通性があるが、その形成にロシア・ウクライナのイコンや民芸に伝えられた象徴性や装飾性の強い影響があったような気がする。

タラス・シェフチェンコ通りにある聖ウラジーミル教会は、聖ソフィア寺院のような歴史的価値は低いらしいが、今でもミサが行われる数少ない生きた教会らしく人々がそこに向かっている。腰のひどく曲った老婆が急ぎすぎて前につんのめった（起きるのを手伝ったら、その重いこと……）。

お堂に入って驚く。正教寺院特有の空間恐怖症的にうめつくされたフレスコ画のスタイルが、感傷的なラファエロ前派の絵にも似た、耽美的な世紀末の産物なのだった。

目を見開いた一種エキセントリックな表情の大天使が、沢山の熱心な信者の群を……ドストエフスキーが〝ロシアの民衆が神を孕んでいるのだ〟と表現した人達を見下ろしている。

グルジアの都　トビリシ

ヨーロッパでいちばん高い山は？　モンブラン……いいえコーカサス山脈のエルブルス山、五六四二メートルで、こちらが八〇〇メートル高いのです。もっともこの山脈がアジアとの境で、南側、アジアにある国がグルジア共和国。九〇歳以上のお年寄りばかりの合唱団があったりする健康地。

ボルシチ・ウエスタンと呼んでいいかどうか（ボルシチはウクライナ料理だから）、いまソ連のテレビ映画でうけているのは西部劇仕立ての革命もので、南の方から革命軍の資金を苦難の末に運び届けるという筋。舞台のコーカサスにはグランド・キャニオン顔負けの地形がいくらもあって、岩陰からアパッチ族ならぬ白軍がワッと現れてきたりするのです。首尾よくモスクワのアジトにたどり着き、金を置いて去ろうとする主人公。「せめて、お名前を……」という相手に「そんなこたあ、どうでもいいだろ」と答えた彼はいずこへともなく去って行く。

で、この途中に主人公の意気に感じて助太刀する勇敢な連中がグルジア民族という仕掛けで話が盛り上がります。

グルジア男の伝統的な服装はまるで山賊。白か黒のすその長い上衣の胸に銃弾を備えたのがアクセサリーになっている。

グルジアは早くから開けた交易の要衝だけに歴史は強国の支配交代の見本で、ペルシャ、ビザンチン、アラブ、トルコ、蒙古、チムール支配のあと、ペルシャ、トルコ、ロシア三つ巴の争点となる。そんなわけで皆ゲリラのような服装。想像つきかねる大変なところなのに、同じ運命にあった隣のアルメニアの沈痛な雰囲気とは何という相違だろう。

グルジアの人間は、スターリンがここの生れで想像つくようにいかにも意志の強い顔立ちで、悠々としてるかと思うと行動が素早く、ケンカっ早いというが、それだけ直截《ちょくせつ》で人なつっこい南国的情熱の持ち主らしい。トビリシに着いて驚くのはホテルや旅行社の人のせっかちな位の親切さ。

グルジア・アカデミー・アンサンブルは、いつも外貨稼ぎのために外国を回っていて、地元民がなかなか見られない貴重な公演だという。悪いが切符を手に入れる。会場は小さな礼拝堂を改造した劇場で、客はインテリ、学生。まずグルジアの踊りも歌も男性本位の伝統で、そして足先を使い、頭の高さを変えずに動き回る、という解説があった。女性もなかなか美しい衣装で登場する。上の踊りは鳥の求愛のダンスを模倣したものらしい。い

つもは袖をまくり上げているのを伸ばすと黒い鳥みたいになる。そして親指で立つ。
翌日、ホテルで主役の踊り手に会ったら、すぐに〽イイジャナイノ、幸セナラバ……と、日本で覚えたという流行歌を歌ってくれた。
少年はこの芸能団のマスコット的存在であるらしい。皆が黒い上衣なのに少年だけ白い上衣を着せられて、王子様のよう。
登場した少年は腰にさした笛をサッと抜いて可憐な〝わたしのスリコ〟を吹く。この歌はグルジアの民謡だったのだ。笛を吹くために生れてきたみたいな少年のうまさに皆うっ

とりしてしまう。二本で吹くと、沢山の鳥が集まってきたよう。

少年は笛が終ると楽士の席にすっとんで戻り、ドラムをたたく。踊りも、ヒザだけでコマのように回るのが得意で、白い上衣がきのこのように広がるのだった。

トビリシはグルジアの首都で高地にあるが冬もそう冷えないという。カスピ海に流れるクラ河が町を貫通し、ダムがあるのか、水面は鏡のよう。両側に丘がせまった要害に城跡があり、対岸に四世紀に入ったキリスト教のロシアとは違った姿の聖堂、五世紀に現れた最初の王の騎馬像が汀《みぎわ》に立って、水面《みなも》に影を映している。

立派すぎる建物が並ぶ大通りをはずれると、一軒ごと看板を出した職人街や、バルコンの張り出した半木造の、庭に樹の多い住宅街が続いて、アパートの立ち並ぶソ連の町には珍しい地方色が濃厚だ。

男性的な国なのだ、グルジアは。男が町では目立ち、お互いに出会っては両ほおにキスを交している。そして昼間っから一杯やっているブドウ酒とブランデーの産地だ。レストランは——ソ連のレストランは夕食は必ずバンドが入り、踊る——女性歌手が歌っているが客は男ばかり、男同士で盛んに踊っている。女性を連れた男もいるが、シャンペンを何本も空け、キャビアなど豪勢にとってあらかた残して立つ。見栄っ張りなところもたいへん男性的である。

長寿国グルジアの料理は、まず美味しい。旅行をしていると生野菜をチャンと食べとかないと危ない気がして求めるが、グルジアは生野菜料理が豊富なので心強くなる。

市場でも驚いたが、緑色の多いこと。つまり野草の類が色々あって、ピリッとするの、甘いの、ニガ味がいいのとかを、生、またはすったり、漬けたりしたのが前菜だ。

朝から食べるのはハチャプリでチーズをくるんだ揚げクレープ。肉は鶏、豚、羊を、

これはあんまり料理とは言えない位に簡単に焼いて出す。妙なことはしない。ブドウ酒も辛口は実に正直な味でこうした料理にぴったりと合う。

スターリンが生れた町

グルジアの首都トビリシから西へ七〇キロ、ゴーリの町がある。スターリンがここで生れた。

一九七九年がスターリン生誕百年で彼の出たグルジア、特に郷里のゴーリでは大騒ぎ、久しぶりにスターリン時代のように町中が彼の肖像でうまった。ソ連全体では格別の行事もなかったのに、地元でお祝いをするのは仕方ないと放任した格好なのだろう。

最近ソ連でも大きな書店にポスター売場ができて、革命記念日近くなると新作が並ぶが、どうも中心がブレジネフではつまらない。図案のスタイルから言ってもモニュメンタルな迫力でレーニンと並んでヒケを取らない顔はスターリンである。

ゴーリ行きを申し込んだら旅行社がリムジンを回してくれた。運転手氏がスターリンと同じ髭、直毛のオールバックだったので「ゴーリ生れ？」と聞いたらそうじゃなかったが、彼はなぜそんな質問がでてきたかもご承知でニヤリとし、実にひかえめで真面目な人柄だった。

トビリシを出ると、ここは全く乾燥した土地で、木は河辺にあるが半草原のブドウ畑で、山地は岩だらけ、そうした頂に古城のような古い教会が残っていて、殆どが至福千年の一一世紀に建てられている。ドームの空間の広さと高さは当時としても驚くべき技術で、わずかに残ったフレスコ画はロシアのものとは違う流麗率直なタッチがある。トビリシの美術館で各地に残ったフレスコ画の模写があって、グルジア、東アルメニアにかけてキリスト教遺跡を見て回りたくなる。途中の町ムツヘタにはこの時代最大の寺院が残っていた。

スターリン氏がタイヤの直しに手間どるので、町のブドウ酒屋で地酒をいろいろ買って味見する。赤は軽くてノドの渇きによく、白はうっかりベタベタに甘いのを買ってしまった。高いのは結婚式用の祝い酒だ。

ゴーリへ着いて、外国人用ホテルで昼食（ひと頃は中国からの訪問客が多かったことだろう）。

ゴーリという名はにがいという意味らしいが、スターリンが出なければ、こんな立派な公園通りもなかったような、城跡があるきりの変哲もない田舎町。記念館はお上りさんや見学生徒がけっこう来ている。革命史博物館的な展示で、個人的遺物は殆どない。一室は、人々がスターリンに捧げた品の陳列所だったが、選び方が立派すぎ、民芸風の素朴な奉納品があるかという期待ははずれた。しまいの部屋にスターリンが七歳の時に作ったグルジアをたたえる詩が彫られていて、運転手氏にグルジア語で読み上げてもらう。

記念館の前に、生家を大理石の柱で囲った建物がある。レンガと木造、ここへ来る途中の村の民家も大体こんなものだった。彼の父は靴職人で早く亡くなり、少年は母の手で育てられた。食卓の上に真紅のカーネーション。

　革命の次の年に世を去ったひとりのグルジア人がいる。グルジアがロシア化され搾取された苦しい時代を、山を下りた牧童のように不器用に、しかし自己に忠実に生き、グルジアの魂を描き残したピロスマニだ。

　本当に牧人だったが、絵を描きたくて町に出て、知り合いと営んだ乳製品の店では、店の品を貧しい人にあげてしまうし、この方が気持ちいいと外で一束の干し草の上に寝る。カフェでフランスの踊り子マルガリータを見初めるが報われず、酒びたりになる。一回の食事のために酒場の壁画を描かされたりして、孤独のうちに流浪の生涯をトビリシに終える。

彼の絵は人々に愛されもしたし、何か値が出るかも知れぬと集める人間もいたらしいが、ほしがった者に値もつけずにあげてしまうのだった。

ピロスマニの伝記映画は岩波ホールで昨年（一九七八年）公開された。グルジア人による映画で、画家の役はトビリシ出の美術監督アフタンジル・ワラジが演じた。僕は残念ながら見逃しているが映画全体が彼の絵のように単純な絵画的な美しさだったという。〝村の祭〟とか〝ビールが来た〟とかいう主題の、人間とその生活、動物、自然一切を愛しくなでた絵の無欲な自由、暗い中の温かさを、僕もグルジアという名前と共に記憶するだろう。

レニングラード散歩

ゴーゴリやドストエフスキーが陰うつに描いたのももっともな天気が続こうと、レニングラード市民が自分たちの町を美しいと思っていることに変わりはない。三年にわたるドイツ軍の包囲に耐え、見事に復興して、ロマノフ王朝以来の都の面影を保っている。そうしたことは何か偉大なことだと町を歩いていて思う。

ネヴァ河の上流にこの町の守護聖人、英雄アレクサンドル・ネフスキーをまつった修道院があって、墓地にドストエフスキーやグリンカなどの芸術家たちが眠っている。

PETRO PRIMO CATHARINA SECUNDA
MDCCLXXXII
PALAIS de l'Amirauté

ここから約七キロ、下流の旧海軍省前デカブリスト広場まで東西に通じているのがネフスキー通り。

ゴーゴリが描いた時代を想うまでもなく、今も市民は日に一度この通りに出てくるのじゃないかと思うくらいの賑やかさ。

時代がかるのはフォンタンカ運河にかかるアニチコフ橋辺りからで、興奮する馬を御する青銅の騎士像が橋のたもとにあってロマン的な雰囲気を盛り上げる。通りの賑やかさに、静かな運河ぞいの風景が対比するのがこの通りの面白いところ。

左手、エカテリーナ女帝像のある公園とプーシキン劇場。その先にワンブロックを占める百貨店がゴスチーヌイ・ドヴォール、二階建だがバザール的活気がある。

その向いはロシア美術館やフィルハーモニアのある芸術広場へ通じる道で、角にレストラン・サトコ。隣は由緒あるホテル・ヨーロッパ。

ロシア美術館には、小説を見てるようなロシア・リア

ACADÉMIE des Beaux-Arts
ACADÉMIE des Science
KOUNSTKAM

リズム絵画が集まっているが、中世ノヴゴロド派のイコンが見逃せない。僕にはエルミタージュよりも面白い。

グリボエードフ運河にかかる。右手上流にロシア風の寺院がある。ロマノフ王家の惨劇があった場所に建てられたので〝血の上寺院〟と呼ぶ。昔の様式の模倣だというので見捨てられていたが、何といっても不思議な魅力があって、近年見直されて修復が始まった。

反対側は名高いカザン寺院で、赤味を帯びた大理石の、寺というよりは議事堂みたいな建物だが、エホバの三角の目が金に輝いて何やら狂信的な感じがする。内部は宗教史や民俗的な迷信行事などを展示した、反宗教博物館。

ネフスキー通りがデカブリスト広場で終ると、右に壮麗な冬宮と旧参謀本部のかこむ宮殿広場になる。ネヴァ河が明るく開け、対岸のペトロパヴロフスク要塞の寺院の尖塔が金に輝き、旧海軍省の尖塔と呼応している。言葉に表せない美しさだ。

●エルミタージュ美術館

冬宮と四つの離宮の建物をつないだ、廊下総距離三〇キロという巨大な博物館で、陳列品は原始時代の石器から現代絵画に及ぶ。

館内は一種の迷路だから目的の場所にたどり着こうとしたら大変だが、最大の見ものは宮殿そのものの呆れた贅沢さで、エカテリーナという女性は古物商の持ってきたものはなんでも買ってくれたらしい。だから拾いものは意外にも、そのかみの裁縫道具など実用品だったりする。

近代の絵画ではレンブラントがいいが、他はたいしたことはなく、革命後に加えられたエコール・ド・パリの現代絵画の方が見る価値があるような気がする。この場所は三階で、思いがけない小さな階段を昇って行く。

マチスの「ダンス」など初期の大作や、色彩がとても豊かになってくる北アフリカ旅行の作品など、力のこもった絵がここほど充実している美術館はない。気がつくと、ソ連の女性の服やプリント柄の色がマチスの配色そっくり。

ピカソのキュービズムのいいのもここにあるが、モスクワのプーシキン美術館でもそうだが、ボナールのブルジョア風の家庭的な作品が多く集められている。ロシアの中産階級のあこがれからだろうか。それらの選択眼のいいのにも驚く。

マルケもある。マルケはアントワープ生れで港や河岸を描くのが好きな画家だが、革命後、レニングラードの人達が自分たちのネヴァ河の風景を描いてほしいと招いたことがあったらしい。

●ドストエフスキーの家

冬なら、外套を盗られたらどんなに困るか身にしみて分る。フォンタンカ運河のはね橋カリンキンはゴーゴリの「外套」に登場する小役人アカーキイ・アカーキエウィッチの幽霊のでる橋だし、グリボエードフ運河の黄色い壁の家の三階はドストエフスキーの「罪と罰」の可憐なソーニャ・マルメラードヴァが住んでいた。小説のリアリズム手法はラスコーリニコフが自分のアパートから金貸し老婆の家まで歩いて行く歩数まで合わせてあるという。文学散歩にことかかないレニングラードでは作家や音楽家の住んだ家が博物館になっている。

ドストエフスキーが最後の三年間を、有能な秘書でもあったアンナ夫人と子供たちに囲まれて送った家もそれで、長年の借金をやっと払い、彼はここで「カラマーゾフの兄弟」を口述した。子供を背に乗せて一晩中遊んでやった子ぼんのうぶりだった幸せな日々を思わせる家庭的な雰囲気。彼の吸いさしの葉巻も机の上にある。

隣接した家も合わせて当時の資料を集めた展示があって、彼がノートによくしたデッサンや建物のパースが、面白かった。

●レストラン

レニングラードはさすがに都会で、アールデコ時代の建物や、その頃の調度の喫茶店まであって、探すといろいろ楽しそうだ。客扱いも洗練されている。でも、ソ連でレストランと名の付くのはすべて夕方はバンドが入って、やかましいったらない。何でこうなるのか聞いたら「我が国のミステリアスのひとつです」と答えが返ってきた。ダンスしたくない時は町で惣菜を買ってきて部屋で食べた方がくたびれない。

妙なのは、カフェというのは食堂で、コーヒーがあるとは限らない。大抵セルフサーヴィス、並ばなければならないがここで昼食を済ませれば驚くほど安上がり。味はイギリスよりはいい、ソーセージも日本のよりはおいしい。僕はホテル・ヨーロッパのセルフ食堂に通った。ヴァイキング式で、ロシア料理の特色である沢山のザクースカ（前菜）を目で選べるからで、メイン、デザート、お茶付きで四ルーブルは安い。もっともこの値でキャビアとか、ちょうざめのスモーク（そんなに美味しいと思わないが珍重されている、カマボコみたいな味）などはないけれど。

●スペクタクル・音楽会

ないものづくしの国で、これだけはたっぷりある。しかも一級のが。ソ連ではショスタコーヴィッチの音楽も大衆娯楽なので、クラシックやオペラ、バレエの好きな人にとってこの町は悦楽的な位。二〇もの劇場、コンサートホールがいつも何か演《や》っていて、直接劇場でよりも、ホテルのインツーリストに頼めば外国人観光客用に確保してある席があらしく、大抵手に入る。

一九三七年、スターリンの独裁政権下にショスタコーヴィッチの第五が初演されたフィルハーモニアには後に彼の名前がつけられた。ここは一八世紀末、レニングラードバレエのキーロフ劇場は一九世紀に建てられた、それぞれ由緒のある建物。

●赤い矢号でモスクワへ

モスクワ行き寝台列車は深夜一一時五九分に出るから、バレエがはねた後で乗り込めばいい。赤い矢号は車輛ごとにパーサーが付いてお茶のサーヴィスがあり、モスクワには朝に着く。

ペテルブルク　ピョートル大帝の都

陽光のコーカサスから飛行機は三時間で、みぞれ降りしきるレニングラードに着く。暗くて寒くて、おまけに湿気。なのに、この町は夏の華麗さとは別の、もっと心にしみる魅力を見せていた。陸と海がまじり合う、ロシアとヨーロッパがまじり合う、ひとりの男の命令から生れた都、ペテルブルク。

人類が月や火星に住むとしてもピョートル大帝のペテルブルク建設のようなことだと大変だ。この町は五万人の人柱の上にやっと沼地に浮かんだ。ロシアという巨大な国の、恐竜の頭のように端っこにある都。どうしてそのようなことが起ったかは、ピョートルという不思議な性格の男にすべての原因がある。

少年ルイ一四世はパリの暴動で朝早くたたき起されたのをうらんでヴェルサイユを造ったが、ピョートルもモスクワには恐怖の思い出と憎悪しかなかった。

本来なら王位が回ってくるはずの義兄の死の直後、宮廷革命で実権を握った義姉ソフィアは少年に残忍な殺戮を見せつけたあと、母と共にプレオブラジェンスコエ村の丸太小屋に放り込んだ。

ところがこの近くにドイツ人の居留地があったのがピョートルの、そしてロシアの運命を変える。

西欧の思想は堕落したもので、ロシアの伝統を破壊する危険なものだから、国民は外国へ出てはならず、外国人を隔離するという習慣は昔っからだった。

ピョートルはここで西欧の砲術や火薬の扱い方を学ぶ、特に興味を持ったのは造船だった。

プレオブラジェンスコエ村の戦争ごっこがエスカレートしているのを聞いたソフィアは危ぶんで、彼を亡きものにしようと陰謀をはかるが失敗して、逆に彼女が修道院送りになり、ピョートルがツァーリとしてロシアに君臨する。

ツァーリの最初の腕だめしはドン河のトルコ要塞攻略だったが、大損害をこうむる。ピョートルは水上からの再攻に名誉をかけ、外国人技師を招き、国中の職人を駆り集め、自分もオノをふるって最初のロシア艦隊を急造して勝利を得、すっかり自信を持つ。

次は貴族の子息を命令で西欧に留学させ、自分もおしのびでドイツやオランダの造船所で働き、設計技師の免状をとる。

こうしたことは国民に髭を切れと命じたのと同じようにロシアの伝統に対する反逆だった。命令をきかずに生やしている髭には税金をかけた。それまで自然に生える髭を切るのは反キリスト的行為と考えられていたので、人々は教会との板ばさみとなって税を払う。

また彼は花火・解剖・歯科医の技術も学んだから、家来が頰をはらせていたら逃れられない。得意の腕ずくで抜いた歯を袋にいっぱいためて悦に入っていた。

当時バルト海とポーランドは勇猛カール一二世のスウェーデンの支配下にあった。開戦したものの、大負けに負ける。

ロシアなど相手に足らずとスウェーデンが目を西に向けた間に、ピョートルは財政難も国内の暴動もかまわず大動員をかけて軍を再編。カッとなったカール一二世が退却するロシア兵をウクライナの奥まで深追いしたのがまずかった。国土の広大さが勝利する最初の例となる。カール一二世はトルコに逃れ、ピョートルは北方領土を手に入れる。

ネヴァ河が中州をつくって海に消える、湿気がたちこめ、陸との境もさだかでない沼地に丸太小屋を建て、ピョートルは外国人技師と未来の都を構想する。

大酒飲みで悪魔のように健康な彼以外の人間にとってここは地獄である。

ツァーリが丸太小屋に寝起きしてオノをふるってる位だから、無理矢理に駆り出されてきた農奴たちがどんな扱いを強いられたか想像して余りある。

多くは病気で死に、逃げても沼地にはまって凍死した。何しろ王宮の歩哨が夜には狼に食い殺されるという環境だった。

ピョートルの最初の丸太小屋は、今でもネヴァ河右岸に残されている。二部屋と玄関台所だけの狭さだが大男のツァーリは狭苦しい場所に仲間と折り重なって寝るのが趣味らしい。

護岸工事が進んだところでモスクワの貴族は新都に移住する命令が出る。服従しないと財産没収だからしかたがない。

一方、絶え間のない戦争、宮廷の浪費による重税。

何もかも西欧人の設計と模倣、ロシア人にはなじみのないペテルブルクは全くロシア式のやり方で造られた。国民の鞭への恐怖と、本来の驚くべき忍従による奇蹟。

何千人単位の処刑を平気で行い、拷問・解剖が病的に好きで、後継ぎの息子まで拷問の末に殺してしまう専制君主は、矛盾したことに、ネヴァ河に溺れかけた水兵を救おうと氷の水にとび込んだ風邪がもとで急死する。

過ぎてしまうと、あれほど忌み嫌われたアンチキリストの改革も、ロシアを、西欧を睥《へい》睨《げい》する大帝国に仕立て上げた英雄行為として輝く。

エカテリーナ二世はドイツ人だが正教に改宗してロシア化に努めると同時にピョートルの偉業を継ごうと決める。ネヴァ河岸にフィンランドから巨石が運ばれ、海に向かって飛翔する青銅騎士像に「ピョートルへ、エカテリーナより」と刻まれる。

ピョートルは農奴制について〝こんなことは外国にない、野蛮だ〟と言ったことがあるというが、この制度の人頭税が宮廷の大財源で、女帝は自分に愛を奉仕した男たちに農奴を贈与しその数八〇万人に及んだという。宮殿がさらに建ち、宮廷は欧州一流となり、エルミタージュのコレクションは増え続けて二〇世紀を迎える。

危険思想のはびこる外国から戻ったレーニンの指導で革命の幕が切って落されるのは、ペテルブルクの冬宮襲撃である。

案内してくれた美術学校の生徒が推賞したのは、決闘の銃弾を受けたプーシキンが息を引き取った館のあるモニカ運河ぞいの時代ばなれした静けさでした。ここは馬車が行き交う時代ならなおさら人々の憧れる界隈だったでしょう。貴族たちの家のクリームや淡いエメラルドに塗られた壁の、ロシア菓子のような白や金の飾り。

冬宮と旧参謀本部の建物が囲む広場が帝国主義の建築的表現の傑作なら、ネヴァ河の広さで眺める海軍省とペトロパブロフスク要塞の寺院の金の尖塔が呼応するのは人工風景の極致。

往時、イギリス艦隊が訪問して、河岸の夏宮の金の柵を見、これ以上美しいものはありっこないと上陸しないで満足して帰ったという話も分ります。建物は遠目がいい。

夏だと、ネヴァ河からボートに乗ってフィンランド湾を小一時間、ピョートル大帝がヴェルサイユに張り合おうと四〇年かけて造った、ペトロドボレツに行くといいでしょう。船着場から直線の堀、階段状に配された金ピカのネプチューンやらトリトンやらの彫刻に豪勢な噴水が水しぶきをあげている。広大な庭園には一三〇ものいろいろな趣向の噴水があって、樹の小枝という小枝から水が噴き出すのや、恋人たちのあずま屋というのはアヴェックが入ると水のカーテンができて、しばらく出られないとか、一八世紀の遊園地が今は市民のものです。

革命の原因となったロマノフ王朝の、双頭の鷲の紋入りの建築物は感心するほど良く保存されて市民の誇りになっている。宮殿といえど、建てたのは農奴や労働者だったというわけですが、過去の建造物に張り合おうと革命後のやたら大きくて官僚機構的な建物がレニングラードには、少なくとも都心には目につかなくて、一八～一九世紀末の都のたたずまいを残しているのがソ連の他の町にはない情趣をつくっています。

運河がいくつかあると、すぐ北欧のヴェネツィアとか言ったりしますが、人気のない橋を市電が渡って行く感じは、僕は以前の江東や横浜のことを思い出して懐かしいのです。そうした小運河のあたりは、ゴーゴリやドストエフスキーの小説舞台だったりするのですが、あんな陰うつな感じは今はなくて、首都が再びモスクワに移って、過去の町、死にゆく町（と言っていいかどうか……）となったレニングラードだからこそ、美しさに深味が加わっているようです。

中国・台湾

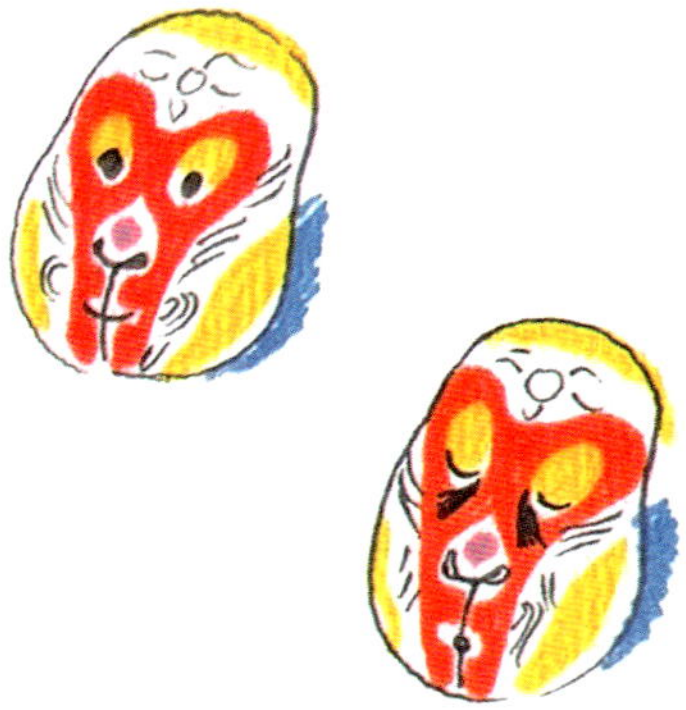

GRAND HOTEL
の部屋からの眺め

海南島　少数民族

中国は、中国という世界だ。当然、熱帯もある。やっと行けるようになった海南島。

憧れの海南島には、まず香港から中国に入る。香港だけは降りてみたい気がしないところだったが、いや物凄いところです。世界のひずみが猫の額みたいなところに集まって、あれではカラテ映画も流行るはず。例の船上レストランに連れてかれて、まずいのをブロイラー並みにせかされて食べ、写真を撮られたらしくて、翌朝、僕の顔がついている絵皿が出来上がってきた。すまないが買わない。国境越えて中国に入るとホッとする。机があってお茶が用意してある汽車で広州へ。中国民航の、冷えた酸素が出てくると機内が霧になる機体で海口に飛ぶ。空から見た海の色がどうも黄っぽいのが不満だったが、文句いってもしようがない。海口は大陸に最も近い町で、空港から宿舎までの道で、もう牛を屠畜してたり、犬の肉を売っている。ここから岐阜観光と車体に書いてある冷房付きの立派なバスで南へ向かう。興味があったのは、島の南側の黎族苗

○― 泊ったところ
海安
海口
琼山
定安
文昌
临高
澄迈
儋县
华南热带作物研究院
屯昌
丁度稲の刈入れ時で、道路の三分の一はお百姓が土間のように仕事場に使っていた。
琼海
温泉
省第一鹿场
黎母岭
1411
六连大队
琼中
五指山
1867
兴隆华侨农场
万宁
自治州
保亭
陵水
崖县

族自治州なのです。目的地まで三泊の行程。

少数民族は中国の発音でもショースーミンゾクというのでへーェと思った。中国には五三の民族がいて、漢民族（なぜか満州人も含む）の他は少数民族なのだ。どこでもそうだけど、海南島はもとは少数民族しかいなかった。黎族と、大陸の雲南の方から一部が移った苗族とで、狩猟と原始的な農業をやって住んでいた。

漢文化の影響下に入ったのは三〇年ほど前からで、それまで文字を知らなかった人達は自分の歳も覚えていないらしい。漢民族は針一本を豚やニワトリ何羽と交換したりして、どんどん増えた。追い立てられたのが共に山の民で、下に住む人間たちのことは信用して

いないで、漢人がくると隠れていたという。

苗族の娘は一五歳になると自分で作った小屋に住む習慣がある。そして誰が入って行って寝てもいいことになっている。もっとも、嫌な奴は嫌なので、好きな男の笛の節を覚えていて彼を迎えるという。

苗族の村のひとつに案内してもらった。すごく格好いい民族衣装、決して観光用でないのは観光客がだいいちいない島だし、男たちは漢人と同じなりだが女たちはこの方が格好いいから着ているのだ。靴だけは町で買ったのをはいてる。で実に娘さんは可愛い。ジロジロ見ては恥ずかしさで死んじまいそうなので心配してしまう。通訳の人が学校は何年生？　と聞いたら、もう困った顔して中学落ちたんだと答えていた。学校入れる娘だったら今ではこんな山奥にグズグズしていないわけなのだ。娘と違っておばあさんとなるとニコニコ顔で寄って来て大変友好的だが、小さな子をオンブして（シュロの葉を傘代りにしてる）乳を与えているところを見ると志ん生みたいな顔しててもまだ若いのだ。南方の人は老けるのが早いのは本当だな。だから青春は早咲きの花のようにストイックに美しい。海南島の南端に鹿回頭という岬があるが、鹿がふり返ったという意味でこれには伝説がある。海南島の真ん中にある五指山（五つの方向に河が流れるから）で狩をしていた若者が、美しい鹿を見つけて追っていった。鹿は足が速く、若者もあきらめ切れずに遂に海に突き出た丘まで追いつめた。鹿はそこで覚悟を決め、ふり返ると美しい娘に変わっていた。二人は愛し合ってそこに住んだという。そこが崖県という町で、天涯という名の浜も近い。この辺は海も真っ青で雨も多いがカラッとしてて快適な場所。

宝島　海南島案内図

海南島の大きさは九州位。一番高い五指山が一八六七メートルしかない台地状。気候も亜熱帯だが海洋性で穏やか。〝内地より涼しいですよ、夏でも夜、裸で寝ては風邪ひきます〟というのは本当で、何の文句もなさそうなところです。

バスはよく走った。これは外国人用の宿舎が要所にしかないので、点と点の間をすっとばす必要からで、車が珍しい土地だから動物も人も悠揚せまらず、クラクションの鳴り続け。中国では車を選ぶ時はまずクラクションの良し悪しで判断すべきですね。鳴らなくなったらガソリンが切れたも同然になる。

一週間の旅で断定はできないけど、南洋という感じがするのはやはり南側で、雨もあるけど、上がるとカラリとして、牧畜の方が盛んなステップ地帯も西南部にあるらしい。途中、石の名所の山地にも保養施設を工事中だったが、気候・風光・設備、それに近くの町で地方色豊かな市《いち》など見物できるという点で、一番良かったのは三亜鎮（崖県）の鹿回頭の岬に近い海岸のバンガローだった。ヤシやびんろう樹などの珍しい植物の林の中にあっ

て、整備された遊歩道が、花びらの地紋に飾られている。
台風の日に海水浴場を見せてもらったら、この天気に人が泳いでいた。やらせで御苦労様。空は暗いのに海はエメラルド色。翌日晴れた日に見たらさらに海は青くて見晴かす限り人がいない。食事も美味しいし（日本人のためにとオサシミも出たが、これはね……）、有名人のおしのび新婚旅行なんかにぴったりのところです。でも最も心なごむのは人々の笑顔だった。
人民公社に途中寄った。以前、上海郊外の農場を見学した時もなかなか面白かったけれど、ここのキャプテン（社長というのか委員長というのか）のお年寄りの人柄が心に残る。それは日本語を話したということの前に風貌に惹かれたのだが、海南島生れで戦時中は岐阜大学に留学、「中央公論社の『自然』の編集長は教室が同じで私の親友です」。茶畑に案内された。熱帯作物研究所の教授もしている、その人は、何か目を細めて昔を想い出すように「あの頃、日本の方は海南島のことを宝島と呼んでおりました。本当です。ここは何でもできます。まだいろいろのことがやれます……」と、何か自分に言い聞かせるように言って、遠くの方を見ているのだった。その話し方の抑揚は辰巳柳太郎を想わせ、僕は心のどこかで泣いている。

海南島は日本軍の無血占領と呼ばれたところだった。その頃、僕は子供で、海南島という（単純で少年っぽい）名前は日本人がつけたような気がしていた位で、第二次大戦前のハノイ侵攻はここを足場としたとか、日本の手で鉄鉱石を掘り出し、南方の資源、開発すればゴムでも何でもとれるといった、つまり宝島という表現の将来の夢を耳にし、また、自分の中でも育っていたイメージがあったものだ。

パイナップルやバナナをごちそうになる。「この味はここでなければ味わえません、沢山おあがり下さい」

このあと、華僑農場で泊まる。新興国から引き揚げた人達に与えられた土地に見事なゴムやコショウやコーヒーの農場が経営されている宿舎で、温泉がでて、その代り水はお湯をさまさなきゃならない。ここで教科書の図版でしか知らなかった本物がいろいろと見られた。

仙境・桂林

広州から飛行機で一時間半、天下の名勝、山水画の故郷「桂林山水甲天下、陽朔山水甲

桂林」というやつ。もと海の底だったのが隆起してこうなった、という石灰質の奇岩はこの辺り一帯にあるが、灕江下りで両岸にせまるのを見るのが最もよく、桂林から八三キロ下流にある陽朔の町まで八時間、世のうさを忘れる。

〝食は広州にあり〟の広州で、おなかがくちくなったのを、桂林、灕江下りの船のデッキで昼寝してこなすという感じの全くの物見遊山。風は涼しいのに南国、日焼けして皮がムケた。

広大な中国のことだからこんな変てこりんなところがあっても当然だな、と思うが、全く天下の奇観、妙義山に少し長体をかけたのがたたみ重なって青のグラデーションのだんだら模様を描く。

船で説明を聞いてるとキリが無くて、兎だリンゴだとみんな名前がついている。千年もかけて名前をつけたのだろう。

画山というのに突き当たる。白馬が九頭描いたように見えるという。もっとも全部分ったら総理大臣になれるそうだ。

昔から画人がこれを描き続けたから門前の小僧何とかで、六歳の童子が下の絵を描いた。

感心して買い求める。十で神童はたち過ぎれば……六枚組で三〇元、四〇元が大人の給料の高級な方だ。

桂林よりも舟で着いた陽朔の町が平安朝みたいで良かった。ここで先の童子を含めた山水画展をしていたのです。絵もだけど、まるで桂林の風光をそっくりミニチュアにしたみたいなのは巨大な鍾乳洞の内部にある池の姿でした。ここの案内人の説明がフランスのラ

ングドックの鍾乳洞と全く同じ式だったのは妙だった。

フォルモサ　麗しの島　台湾

ヨーロッパ人はそう呼んできた。中国や日本でも「蓬莱《ほうらい》の島」とか言って、七福神でも住んでいそう。いずれにしろ、未知の仙境で、外国人が渡り始めたのが一六世紀も後半になってからで、そんなに古いことではなかった。

五〇年間、日本の一部だったこともあるし、今日では故宮博物院に中国数千年の文化遺産が引っ越して来ている。実にフシギなところ。

入国ビザに観光と書くんだから観光客なのに間違いはないんだけど、例えば右のような写真をタチマチ撮られたりする破目になってしまう。

ここは台北から二七キロ河をさかのぼった烏来で、もう山の中。ウ・ライとはタイヤル族の言葉で温泉のことらしい。でも炭酸泉が目的じゃなくて、この島の先住民のいちばん近い村がある名勝の地だというのでやって来たのです。

バスの駅からトロッコに乗換える。現在はモーターだが、以前は一台を二人の人夫が押して上ったという。確かに峡谷を行くが、別に道なきところではなくて自動車道路の脇を

ゴトゴト動くだけの馬鹿みたいなことで、歩いた方がよほどいい。すぐ着いたところは八二メートルの白糸の滝があり、深山幽谷と言いたいが土産物屋や娯楽場がずらり。

民族衣装を着たモデル娘があちこちに立ち、一人一シャッター二〇元をとる。

「私、高砂族、日本人と兄弟」と、「インディアンうそつかない」のコピーを思い出す呼びこみ。この辺の店のはイミテーションね、族長の店のが本物、と買物に来たときめてかかり、物産館のような建物に入場料八〇元払わせ、ここで踊りが始まるまでのあいだ土産物をしつこく薦める。相手が日本語だけに疲れてしまう。

踊りはタイヤル族やヤミ族の魔除けや祝い事の数編で、杵など使う伝統楽器にエレキギターが加わる。踊り手の娘たちは顔付きや固太りの姿が揃って、体操に近い踊りは可憐だ。

結婚の踊り、男はイノシシを一匹捕ってこなければならない。それを族長に捧げ、二人は二つの碗がくっついた容器で同時に酒を呑み、獲物をのせてきたしょいかごに今度は嫁さんをのせてホイサッサ。愉快なのと同時に何か切ないような気分もする。

衣装はどこかアメリカ・インディアンに似ている、フィリピンやオセアニアと同系列のもの。

倭寇《わこう》海賊は中国福建省あたりの海賊と結託して南西部海岸を根城にし、赤い服と黄色い帽子を制服と決めていた。泥棒に制服があったのは珍しい。物を仕入れる時は暴力だが、売りさばく時は貿易商ふうで、開拓民の一種でもある。

明国はオランダの本島占領を認める代りに、石だらけの小島澎湖を放棄させて領地とした。妙な取引きだが、それほど台湾は開拓以前の状態だったのだ。オランダは台南に城を築き、淡水にいたスペインを追出して植民地経営に乗出し、サトウキビで利益をあげるようになる。

歌舞伎の「国性爺《こくせんや》合戦」で知られる英雄、鄭成功はヨーロッパでは一七世紀のもっとも著名なシナ海賊とされている。

成功の父、鄭芝竜はマカオで財を成し、海賊船団を組織して南シナ海を支配した。平戸の日本人妻まつとの間に生れたのが成功で、幼名は福松といった。

新竹・三義は木工・木彫の町
新竹はその名の通り、竹林の多いところで、山の方の三義は以前は樟脳の産地で、樟の木などの森が多い。で、これらの材料を使った木工品がつくられる。
木彫の職人さんは5歳ぐらいからやってるから、28歳ぐらいで名人、名匠なのです。
三義
↑コンなの沢山つくっちゃってどうするのかと心配になってくるが全部日本に売れちゃうと言う わからないもんだ。
台北⇔高雄特急 莒光号
台南から台北まで乗った。四五〇元（二千七百円）だ。お茶、飲み放題。
お弁当の注文とりにくる。
ハムや湯葉の煮付けがちらしてある 美味しいの 30元（180円）
ヨーグルト付き
終始カラオケ・テープが車内に流れてる。
〜〜車窓風景・お茶畑やペキンダッグ 箱庭の人形みたいなお百姓たち……
運河の渡し船
Peikang
北港
三毛作
北回帰線のあたりからは三毛作
台南・宝覚寺
高さ30メートルの弥勒大仏
馬公空港へ
台北から日に3〜4便
台中・嘉義・台南から1便
高雄から5便
Tainan
台南
赤嵌楼
オランダ人の築いた城跡
孔子廟
↑台湾最古
Penghu
澎湖
馬公
大きな石造りの民家
高雄
kaohsiung
馬公は台湾最古の町
本島よりも澎湖の方が数百年前にひらけたという。龍宮とはここの城のことだったのではないかともいう。馬公城は、今は巨大なガジュマルの樹でおおわれている。
旧地重遊
蓮池潭
高雄は工業の盛んな近代都市だが、近郊には中国風の名所が沢山ある。西北、半屏山を背景に蓮池があり、龍と虎の口を入口にした一対の塔がある。
澄清湖
北東17キロ 台湾の西湖と呼ばれる宮殿や塔を配した中国式名所
仏光山
高雄からバスで50分。台湾最大の仏教の聖地。一万体の観音さまを安置した万仏大悲殿。高さ36メートルの大仏などなど。すごいね。

七歳で大陸に渡り、文武の修業にはげみ、二一歳のとき皇帝に謁見し「朱成功」と名乗るようにとの光栄に浴した。朱は皇帝の姓で、おそれ多いというので鄭成功としたが、このため人々からは「国姓爺」と呼ばれる。爺とは敬称で年寄りだからではない。

その後、本土では清が台頭し、南部でなおも抵抗を続けていた明朝は鄭芝竜の助けを必要としたため芝竜はたちまち名をあげる。芝竜は自分を南シナの帝王として清に認めさせようと取引きをし、北京に上ったものの謀られて殺される。

そこで国姓爺は父の船団を受けつぎ、仇をむくいるために南シナの海岸を荒らし続けたので、清は海岸から後退せざるを得なくなる。一時は揚子江を南京まで攻め込んだが敗れた彼は反抗の根拠地に、台湾に目を付けた。

オランダ支配は三〇年経っていたが、漢人、先住民の協力を得て一六六一年に安平城《ゼーランディア》をおとしてオランダ人を追払った。

この島が中国のものとなったのは彼のおかげで、台湾を本土再攻の根城とするアイデアも彼が初めだが、夢の果せぬまま開城の翌年に世を去っている。

僕は成田から高雄に飛行機で直行し、まず鄭成功ゆかりの台南に最初の夜は泊まった。現在の安平は小さな漁港で城壁の一部が残るだけ。台南のプロヴィンティア城は市の盛り場にある赤崁楼がそれだが当時の建物ではないらしい。

広い道路と工業都市の外観を持つ高雄に比べると、台南は活気はあるがやはり古都のひなびた感じも残す。ここの孔子廟は台湾で最古（一六六五年）の建立で、境内の三〇〇年以上たった榕樹、建物のさびた朱色、門に書かれた文字には満州文字（清朝の特色）も見えて、歴史を感じさせていた。

孫悟空的舞台

天帝の宮殿とやらに悟空が攻め込んで乱暴をはたらいたりするが、それはこんなところじゃなかったか、と思わせるお寺、お宮がある。

名高い寺でなくて、田んぼの中に建っているのでも、台湾のお寺はみなキンキラキンに豪華なので、タクシーで田舎を回っていて見付けては感心しているのを運ちゃんは呆れる。「こんな寺、ちっとも立派じゃありませんよ、この何十倍も大きいのがあります」。それはそうだろうが、次々にこうしたのが建てられ、ペンキは絶えず塗り替えられて陽光の中に光り輝いているのは、やはり不思議な気がする。

ヨーロッパではもう一〇〇〇以上のお寺を見たろうか、やっと聖堂というものが身近になり、聖像の顔と役目が見分けられるようになったが、ここのは全くお手上げで、日本のお寺とも違う。神も仏もいっしょくたなのである。土地の人の真面目な信仰心に対しては申し訳ないが、どこに焦点を合わせていいか分らない沢山の群像や怪獣や天女に飾られた

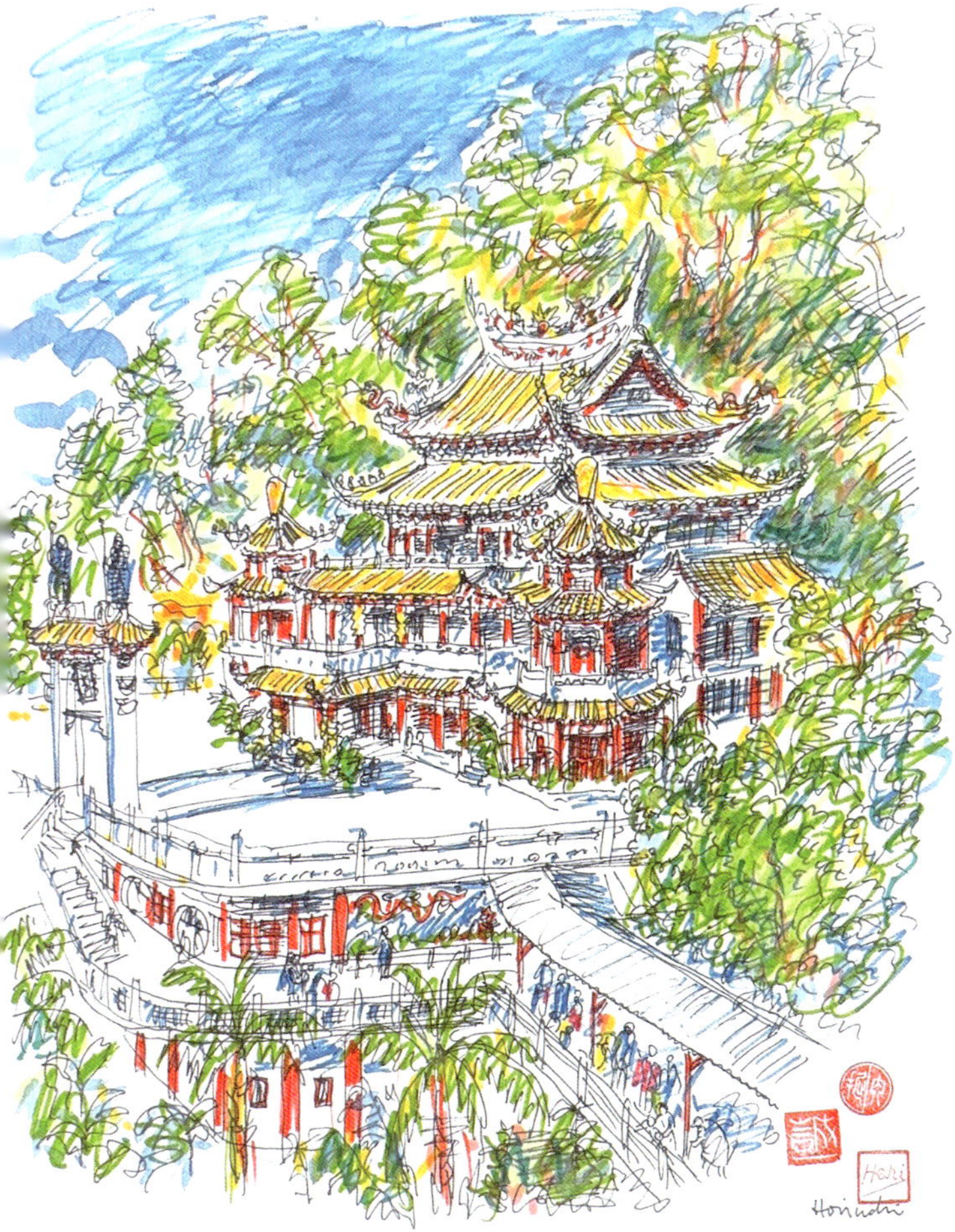
Hori
Horiuchi

建物全体が、実は妖怪の化けたもので、入った人間をパクッと食べてしまう、なんていうSF怪談の世界みたいだ。

道教のお寺はピンク色の顔の海賊黒髭みたいな人形が、五月の節句の飾りのよう。これも色とりどりの果物や菓子がそなえてある。旧正月や節句はおもちなどそなえに来る参詣人でいっぱいになるという。

信仰心は盛んで、台北市内の竜山寺は、浅草といった雰囲気の下町にあって、願をかけにくる若い男性や娘たちは年寄りよりも多い位だった。

瓜をタテに二つに割ったような朱色の木を床に投げつけている人がいる。どうやら下駄を放って裏になったら雨、みたいな占いのようなので聞いたら、やはりそうで、裏と表になったのが三回続いたら願いごとはかなえられるという。表だけとか揃ってしまうのは凶なのだ。

いちばん大きいお宮は、台北の郊外一二キロの柵山にある指南宮だそうで、道教の本山。

以前はここまでしか車が入れなかったという門から上ったら大変で、台北が晴でもここは雨という海抜三〇〇メートルの山の上。

中国伝説の八仙の一人、呂洞賓を主神として、夢

判断で願いごとの良否をはかる祈夢堂というのがあって、当然ここで泊まって夢を見て行くことになり、宿泊設備がある。胸をつくような石段を上った本殿も立派だったが、とてもこれでは収容しきれない人気なので一〇年程前に落成したという凌霄宝殿というのが更に奥にあって、これが六層の大宮殿で、孫悟空が暴れ回った天帝の宮殿というのはこんな具合ではなかったかというような立派なもの。

夕方、見物をしていたら、老婆が「食事ができてますよ」と呼びかけてくれた。ここでは誰でも無料で食べられるらしい。ただ各自、心づけを納めるのが常識で、まあ一〇〇元でいいでしょう。もちろん精進料理です。

時間機械的中国体験　故宮博物院

一個の壺から、失われた文明を想像できる。将来、タイムカプセルから人類の文化が再生されるようなことがあるかも分らない。

台北故宮博物院は、中国文化のカプセル。蔵品は民族の遺伝子、染色体を持った細胞だ。ここを訪れることはタイムトラベルとおんなじだ。

ここにはもと北京の同名の博物院、瀋陽《しんよう》行宮、熱河行宮にあったものが移された。六〇万点の文物のうち、陳列されているのは一〇分の一、三カ月ごとに陳列替えがあるが、全部見きるには三年かかるという。いずれも清宮廷の宝物で、人気のある玉《ぎょく》など、年を取ればあるいは好きになるかも知れないが、細工の手間が大変だっただけのつまらないものもあり、宮廷ではこうしたものを評価したかと呆れるのも体験で、中国美術というものは王朝の歴史ぬきには考えられないような気がしてくる。

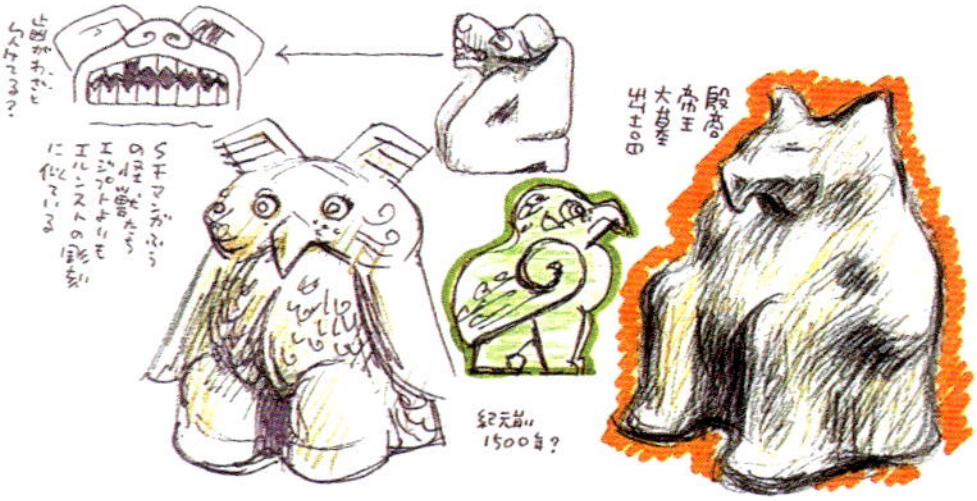

●中国美術の流れ

ロボットのようなミイラには、ダリもすっかり感心してしまう。北京でこの最近の発掘品を見たかったが、まだ大行列で果せない。玉《ぎょく》の板片を金糸でぬい合わせて手足のついた人形《ひとがた》になっているのがSF的で、ショックを受けたダリは早速、トランジスタ配電板で模造品を作った。

これは前漢の時代のものだが、台北にある殷商帝の墓の怪獣たちは更に一〇〇〇年以上も古い時代の幻想を伝える。古代中国は未知の世界、今後も人類を驚かすものが現れる可能性は充分。なにせ等身大の馬や兵士像が何千と出て来た秦の始皇帝の発掘も始まったばかりなのだから。

メソポタミア、ナイル、ギリシャ、ある時期に花開いたのは各

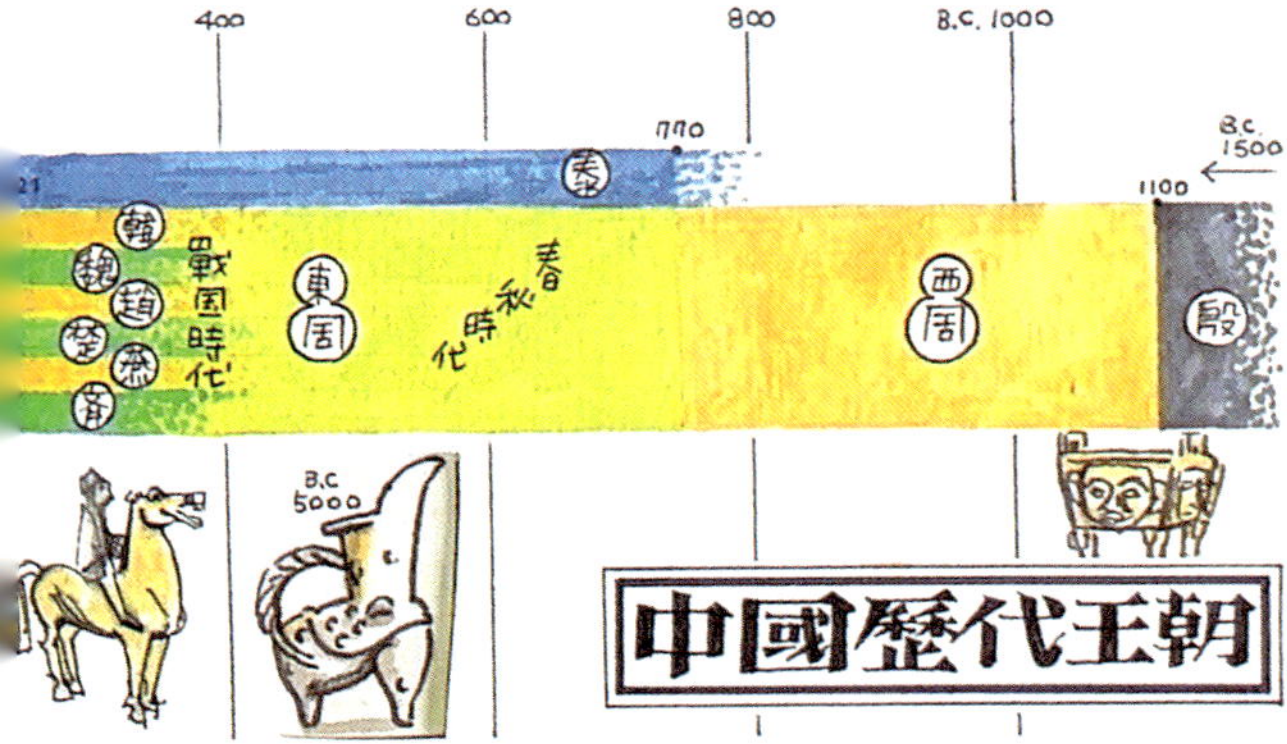

地にあるが、中国のように同じ地域で数千年にわたり、現代まで一貫して続く流れはない。他文化はゆっくり吸収されるから、保守的で変化に乏しいように見えて、実は決定的な変化。

古代中国の造形に初めの大変化が起るのは、戦国時代の末に秦が統一国家を建て、漢がそれをつぐ、中国史的にも大事件の時だった。

もともと農耕・放牧型の文化は作物中心で、季節が規則的にめぐってくるのが大切で、まずは暦《こよみ》のようなキマリというか観念的な考えと象徴《シンボル》が発達する。

そこへスキタイ・イランの文化が入ってきた。これは狩とか動物の生き生きした姿を表すのが得意の狩猟民族の産物で、今もエスキモーは狩の名手ほど絵をうまく描くが、狩人は獲物を観察する訓練ができている。

文様のようなのばかりだったのが客観的な自然

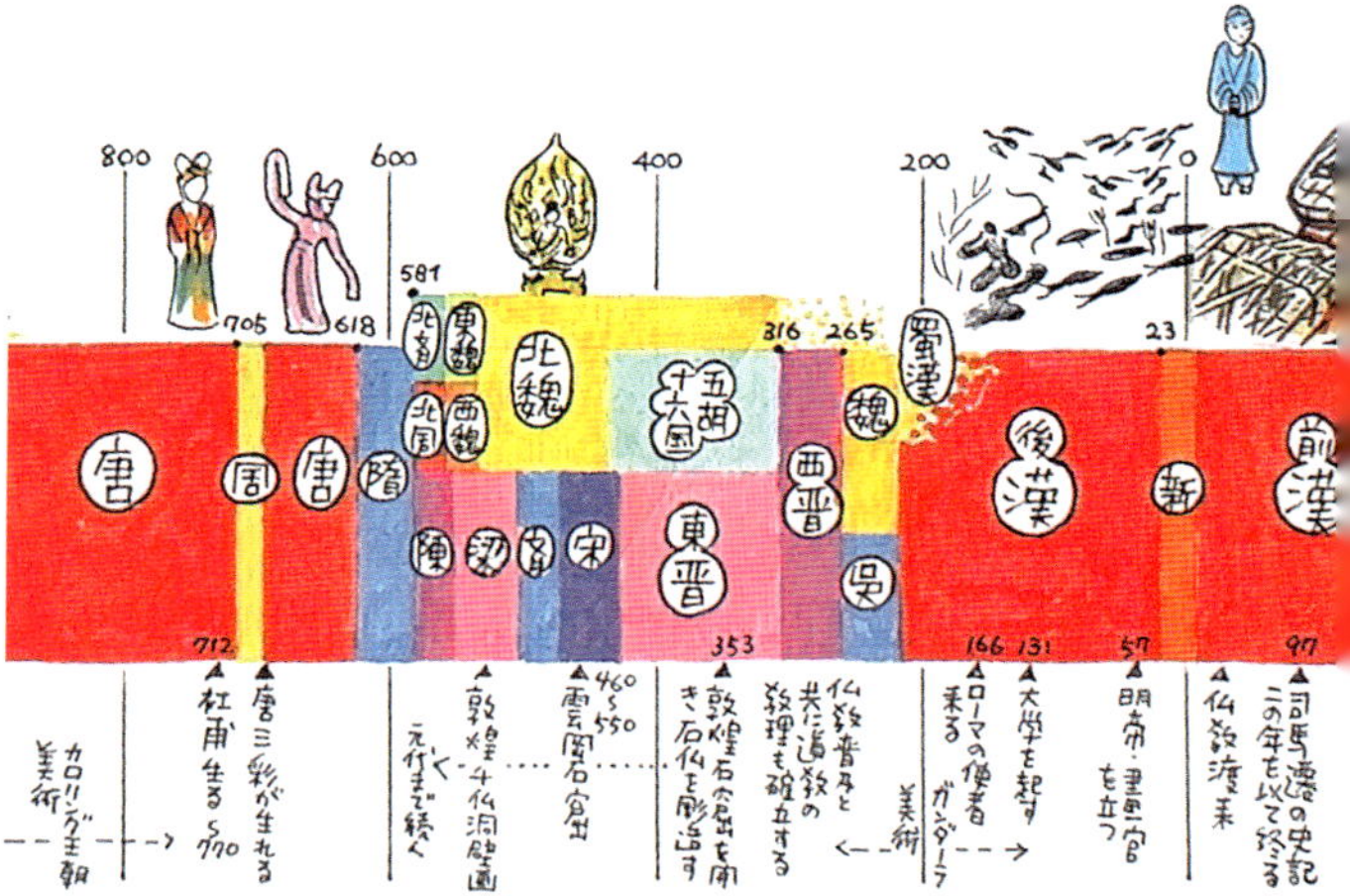

800
600
400
200
0
581
705
618
316
265
23
唐
周
唐
隋
北斉
東魏
北周
西魏
北魏
五胡十六国
陳
梁
斉
宋
東晋
西晋
魏
呉
蜀漢
後漢
新
前漢
712
353
166
131
57
97
カロリング王朝美術
杜甫生る 770
唐三彩が生まれる
元代まで続く
敦煌千仏洞壁画
460~550 雲崗石窟
敦煌石窟を開き石仏を彫造す
仏教普及と共に道教の教理も確立する
ガンダーラ美術
ローマの使者来る
大学を起す
明帝・画官を立つ
仏教渡来
司馬遷の史記この年を以て終る

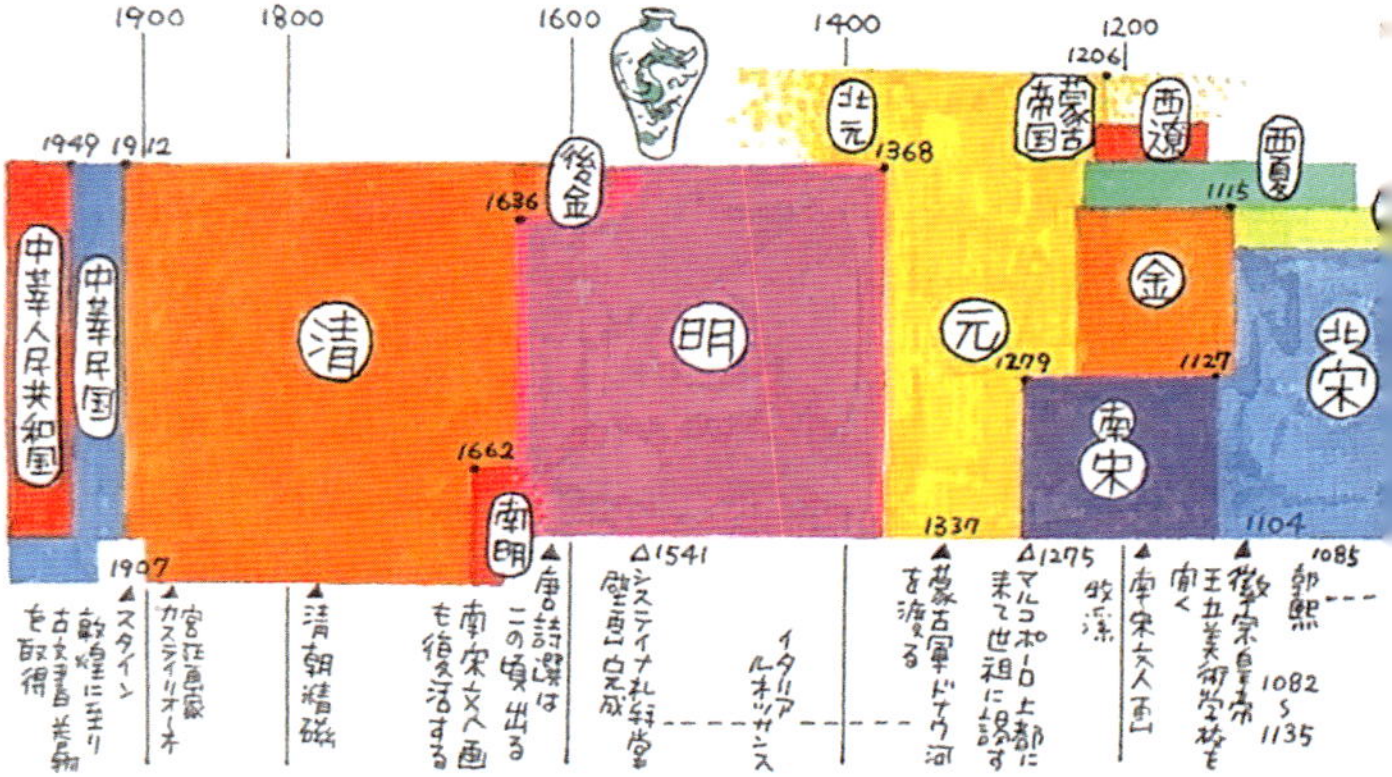

1900
1800
1600
1400
1200
1949
1912
1206
1368
1636
1115
中華人民共和国
中華民国
清
後金
明
北元
元
蒙古帝国
西遼
西夏
金
北宋
南宋
南明
1662
1279
1127
1337
1104
1907
1085
スタイン敦煌に至り古文書美術を取得
宮廷画家カスティリオーネ
清朝精磁
南宋文人画も復活する
唐詩選はこの頃出る
1541 システィナ礼拝堂壁画完成
イタリアルネッサンス
蒙古軍ドナウ河を渡る
1275 マルコ・ポーロ上都に来て世祖に謁す
牧溪
南宋文人画
徽宗皇帝王立美術学校を開く
郭熙
1082~1135

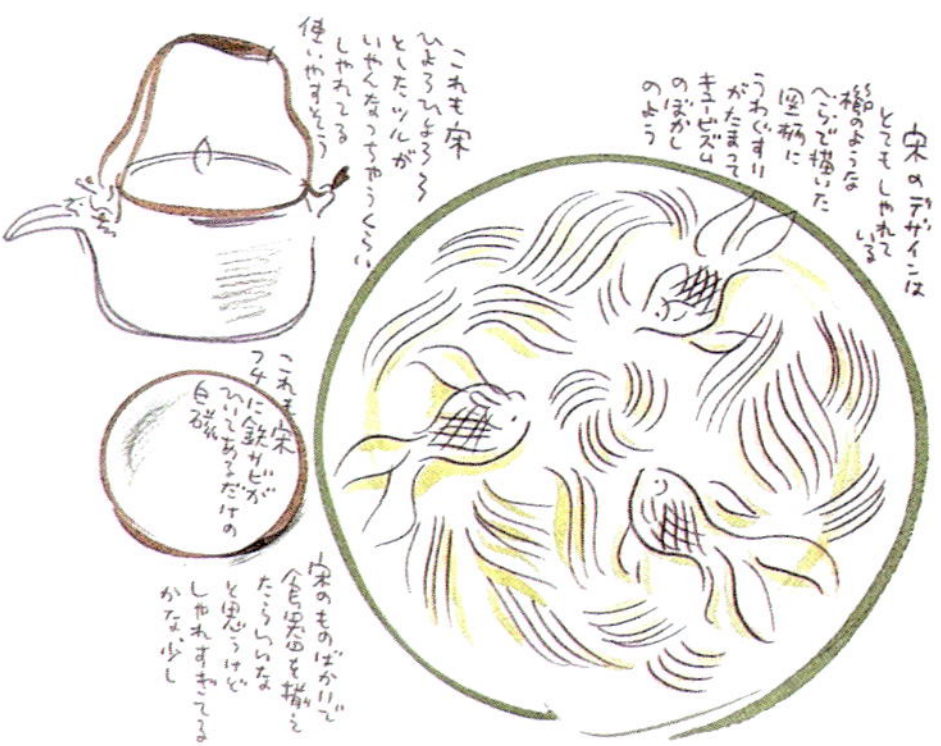

描写が台頭する。馬で戦争ばかりしていた貴族の新しいレジャー、狩の図や風俗を写した図画伝が生れる。

ギリシャの写実を受けたガンダーラ美術も仏教と共に伝来。これもすこぶる具体的なもので、骨と皮ばかりの釈迦苦行像など驚かれたに違いない。敦煌石窟など仏像仏画が各地に盛んに作られ、仏教が普及すると共に中国古来の宇宙観念だったものも道教としてその教理を確立する。

南北朝の来世信仰と戦乱が落着くと、現世的な楽しみがひろがる。楊貴妃の温泉宮、貴族たちの大邸宅ブーム、人々がそれを木妖と呼んだのも感じがでている。唐三彩が生れた頃はこの世に極楽が来たようで、酒店ではエキゾチックなペルシャ娘が酌をするという具合、今も料理の本や食堂の飾りにこの頃の宴会図が使われる。

しかし世に受け入れられない者は反発して精神的境地を求めるもので、唐末五代に隠棲した荊浩《けいこう》に始まり、関同。宋の李成から郭熙《かくき》に至る大構成の主観的山水画は、あまりにも自然的作風の続いた時代の、本来の中国的観念芸術の更新の成果であった。

北宋八代の皇帝、徽宗《きそう》は在位二五年、文学、音楽、造園、書画に通じ、芸ごとには国費を惜しまず遣う。君主としては全くの失格者だがルードヴィヒ二世とは違って本物の天才で、特に書と花鳥画は見事、二六歳の作「桃鳩図」は釣合いと色彩の美しさで東洋画の最高峰に数えられる。

王立美術学校「書画学」を開き、入学試験に立会い、教室で花鳥画における精緻、山水画における詩情の理想を指導した。

階級分化の途方もなく早い中国では美術は初めから権力への奉仕、芸術家は幇臣、つまり奴隷で、自分の意思で自由に制作など思いもよらなかった。権力を離れ知識人《インテリ》の余技として書画をたしなむ文人作家の出現は漢末になってやっと。宮廷職業作家が権力に服従ならこちらは「世俗を超越して芸に遊ぶ」、だが両者とも政治権力の圧力の産物であることに変りはない。

宮廷人は自然的作風を好み宮廷作家はその洗練に努め、文人作家はニヒリスティックな型破りで観念的造形を分担した。こうした文人作家の存在が中国独特のもので、彼等は王朝の衰亡、社会の不安、政治危機には深刻に逃避して革命的な新様式を樹立する。宋末元初の頃には天才が輩出して空前絶後の盛況を呈し、南宋文人は世界に類を見ない詩的完成を水墨画に達成する。

芸術などありがたがっていそうもない元代ではいずれも伝統維持に終り、実用面だけ発

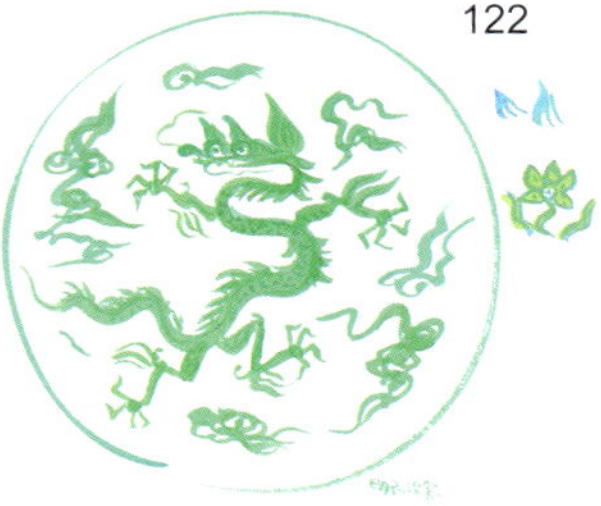

達した明代が衰亡期になって唐宋の反権力的自由が再認識されたが、次の清の権勢のもとで、模倣に始まった文人画は世をすねたような極端に感興的なフォービズムになる。
　一九世紀の清末王朝は奇妙に欧州のデカダンに似る。オーストリアやロシアの王室のように皇帝になりたがらない皇太子がでたり、女帝が時代錯誤的政治をとる。陶磁の色付けだけが最高度に進み、女性好みの小物、贅沢品でうずまる。感覚的な筆情墨趣の細密さといい、泰西画法の導入といい、これはこれで世紀末的な美だが、唐宋の清澄で厳粛な名品に比べるとその通俗に呆れる。
　中国古来の美術には力強い生命感の表現があった。対象に生命を見るか自覚によるかの違いが二大様式をもたらしたが、言魂《ことだま》の国の人はさすがにこれを見事に言い切っている。曰く「外は造化を師とし、中は心源を法とす」、主観客観融合の境地は根元にせまって「天工を奪う」ことだと。

台北遊覧記

故宮博物院も見たし、もう心残りない風呂あがり気分で街をぶらつく。タイペイは大阪のミナミみたいだ。グランドホテルというより円山《まるやま》ホテルの方が通じるのも気が楽になる。チャイナタウンは漢字の看板がダーッ。タイムズスクエアやピカデリーサーカスも看板だらけだが、漢字の方が断然やかましい。ドラや太鼓が目茶苦茶に鳴り続けてるようで、人気のない小路までもうこれ以上取り付けようがない位掛かってる。ま、以前の東京もこんなもので、子供の頃はペンキ文字書ければ一生食いっぱぐれないゾと安心してたことがありました。そういう点でも子供の頃の下町に帰ったみたいで、台北の町は欧米や香港と違って場末でもタイハイの暗さがなくて楽天的な感じがする。暮しが現在上向きということもあるかも知れないが、歩き回っててコワイ目付きに出会わないのは、台湾の島の人独特の親和力のせいだろうと思う。

今日、大都会でこんなにセーフティなのは世界でも珍しい。

例えば昔、親についていった百貨店の、何となくどこからかサツマアゲの匂いがただよってくるような懐かしさのある町だ。

台北駅の南に北門があって、南・東・西門とあるからここが壁で囲まれていた旧城内。

その西側が古い下町的盛り場で万華地区という。この境を高雄から来た列車が路面電車みたいに走って台北駅に入る。いやたいへん賑やかなところに着いたもの。

この線路に沿って一キロ以上細長いビルがつながってるのが中華商場で、二階は橋で渡れる歩行者天国、小さな店がズラッと並んでいて主に食べ物屋。

もう日本で誰でも知ってる飲茶《ヤムチャ》とか点心とかいう式で、エビ焼売やワンタン・ビーフンなど、これを食事の間に日に三回食べるらしい。もう終始食べてるような感じで、こうちょっとずつ何回も食べるのが胃腸にいいというのを聞いたような気がするが、人間楽天的になるのかも分りません。トリみたいだけど。

女の子が多い店は羊かんや餅がキレイに並んでて甘味店らしい。ジュース専門店も果物豊富な台湾だけに、天然ジュースの証拠に店先はオレンジの皮の山。

台北
中華商場の
3層の廊下
迎え火か？
テーブルのごちそうに
線香が立ててある

お年寄りばかり集ってる店もあってテレビを見せる茶店。

飲食店の次に多いのが電器屋でステレオをガンガン鳴らしっぱなし。

面白いのでハジまで歩いてしまうが南門から西の万華地区へ、竜山寺まで足を延ばしてみる。

竜山寺は台湾最古の中国式寺院。雰囲気は浅草観音様で、お寺の前の一囲みは懐かしのヤミ市ふう屋台街、それに築地場外の市場がゴッチャになっている。美味そうな匂いとフシギな匂いもゴッチャで、こういうところで、モツの煮込みなどを注文するのがグルメという人種だと思う。何を食べさせられるか分らない。

台湾は屋台が発達をとげていて、夜鳴きソバなんてチャチなものでなく、魚屋や肉屋が開店したように材料を陳列して沢山の種類の料理を即座につくる。屋台もそのうち居住権を獲得するのか、円環というのはロータリーの真ん中が食堂街になってしまったもので、人が住んでる。

かくも観光化している場所で日本語で呼びかけるような店に入ったほうが悪いんだけど。品書きには何もかも三〇～五〇元（二〇〇～三〇〇円）位で、水下ナントカなんてのがある。聞いたら鶏の臓物のことを水下というのだ。こっちは海鮮料理を食べたいので、並んでる材料から、ドジョウがあったので、成程まだ台湾ではドジョウが棲んでるのか、トコブシも新しそうだ、海老も安いだろう、ハマグリのスープも日本じゃ高いからな、と取ってみたら、ハマグリは味がないし、ドジョウはトンガラシとニンニクでイタめて味が分らない、それで一皿二、三千円もした。

料理をこさえ終ったオカミサン連は真ん中の空地に集って夢中で会議をしてて、地面が鍋のフタみたいな坂になってるものだから、戦艦ポチョムキンみたいに乳母車がゴロゴロころがってってって、危ない！　と思ったけども最前、アレヨという間に妙な男が靴を持ってってしまったので走れない。あれは靴みがき屋であった。マズくてベラボーな値段なので客が逃げないように靴みがきと結託してるらしい。

別に日本人相手でなく台湾の人が盛んに食べている和風魚介料理はスシと同じで、ゼイタクはゼイタクなのだ。アワビや海老は日本と同じか高いくらいの値段で、どうもこの独特の風習は（日本人が伝えた説もある、寿司屋や日本料理店も多くて台湾の人が握って台湾の人が食べている）、台湾の人の大陸の料理に対するナショナリズムが働いているんじゃないかと思う。

材料の味がボンヤリしてるのだから、やはり色々手を加えた方が良くて、安い美味しい実感がするのは福建料理の系統から来た台湾料理で、台菜という。

大飯店＝ホテル
餐　庁＝レストラン
大酒家＝キャバレー
台　菜＝台湾家庭料理

良い店は聞いた方が早い。台菜の店は地元の人で繁昌していて、たいていカラー写真で料理が紹介してあって分りやすい。

台湾料理というと肉ちまきを考えるが、見当らないので聞いたら、あれは節句の時だという。あまり当り前なハナシなので驚いた。カキの春巻とかアサリの半なまとか干豆腐の千切り炒めなど乙な味が楽しめる。

三菜一汁とか四菜二汁とかその日のメニューもあって、おまかせで美味しいのにぶつか

TAIPEI
淡水へ
★世界3大ホテルの一つ
圓山大飯店
GRAND HOTEL
忠烈祠
★★★
故宮博物院へ
NATIONAL PALACE MUSEUM 9〜17時
衛兵の交代が見られる(1時間おき)
基隆へ
基隆河
淡水河
NORTH-SOUTH FREEWAY
国際空港/台中へ
旧,台湾神社
★商売の神様なので,台北で最も参詣人が多い
行天宮
栄星花園
MIRAMAR HOTEL
美麗華
民族東路
保安宮
孔子廟
動物園
このあたり家具街
中山北路
統一
新生北路
RITZ HOTEL
民族西路
重慶北路
民権西路
民権東路
松江路
建国北路
お土産品のデパート
★ 9月28日 孔子生誕祭
台北大橋
中央
CENTRAL HOTEL
中華川菜
四川料理
民生東路
延平北路
民生西路
新しい繁華街
国賓
AMBASSADOR HOTEL
円環
南京西路
南京東路
青葉
台湾料理
円環は
ロータリーの中央が
屋台広場になっている
この近所は大酒家《キャバレー》街
海鮮料理の店も多い
海覇王
海鮮料理
台北駅
忠孝東路
基隆へ
北門
中山南路
HILTON HOTEL
中国
中国風のあずま家
ギリシャ風建築の
博物館があり
台湾原住民の資料が
陳列されている。
台北新公園
★中華商場
1,2Kほどの長細いビル
庶民的なマーケット街
中華路
延平南路
重慶南路
西門
東門
中正記念堂
昔からの庶民的な
盛り場
昆明街
総統府
城内
総統府の建物は
日本の総督府
として使われて
いたもの
★★龍山寺
南門
万華地区
台北発祥の地区
龍山寺は台湾最古の名刹
万華地区
高雄へ
南海学園
つまり熱帯植物園
歴史博物館
宮殿風の建物
故宮に次ぐ中国美術工芸の
コレクション
★民芸
★考古学
(北京原人)
・現代美術も陳列される
8時〜17時 年中無休
0
500M

ったりもする。

食べ物話になってしまった。ついでに飲む方で言うと、静かに一杯やるところがないらしい。どこも鳴り物入りでうるさい。いちばん静かなところはどこだと聞いたらカラオケ喫茶だという！　信じられない話だけど、少なくとも歌ってない合間は静かだということだろうか。

それから理髪店が軒並みなのでこれも不思議。入ってみると女の子がズラリと揃っていて薄暗い。床屋というより全身マッサージが専門なのでした。

タクシーをチャーターして高速道路でまず基隆へ。二〇分でひなびた港町に着く、港の脇に縦断鉄道の起点駅がある。昔は船の長旅でここに南国の第一歩をふみ、鉄道に乗込んだわけだ。今は台北への本数も少ない。

ここから北海岸を淡水に向かう少し先に万里の翡翠海水浴場。名前の通りエメラルド色の海、白い砂浜にカプセル式のモダンなバンガローが並んでいる。台湾の海水浴場はみな入場料をとるが、それだけ整備されている。

次の野柳岬はシソウノウロウの薬の宣伝に使えそうな浸蝕された奇岩だらけの名所で、オッパイの形をした乳頭岩というのが面白い、まんまるの石が大波にもどかないでのっかっている。

マリンランドや土産物、海鮮料理店が並んでいるが、市内の二倍も高いからとタクシー

石門水庫
Shihmen Dum
人造湖とは思えない。対岸には
涼しすぎて寒い
紹興酒をあっためてもらう。

の運ちゃんは次の海水浴場、金山の町まで行って昼飯にしようと言う。町の何てことはない食堂で三菜一汁をとる。ハマグリのスープとカキ天ぷらと野菜炒めとブリの照焼き、イカ炒め。三菜じゃなかったっけ？　と聞くと、なぜこんなに高いかと文句をいって、一菜余計につけさせましたという。ビーフンも取ったから食べ切れない。で、高くない。

先へ行くほど風物もひなびてきて、北石門は立派なお宮があるが北の果てという感じ、あちこちに迷彩をほどこした要塞があり兵隊が立っていて、台湾は戦時中なのだったと改めて思う。

淡水まで車の中で眠ってしまった。漁港淡水からは台北までほとんど町続き、少し山に入ったところに新北投温泉がある。

色街《いろまち》でなくなったので大きく建てすぎたホ

テルがオフィスビルになってたりする。落着いた温泉町にもどった感じで悪くない、ここへ泊まればよかった。陽明山から台北に下りる一帯はロサンゼルスっぽい別荘地。

台北が全くつまらないワケでもないが、もっと田舎にいってみるべきだったと後悔する。付合ったタクシー運ちゃんにそれを言っても「つまらないですよ、夜は淋しいですよ」ってなことになっちゃうだろうけど。こんど行く時は田舎と、小さい島だ。まっすぐそこへ行ってノンビリすることだ。台湾の魅力は異文化とか歴史の重圧とか一切考えないでくつろげるところにあると言った人がいるが、本当だ。つまり旅行記を面白く見せることはムズかしいワケですね。

ネガを整理してて、いちばん美味しかったのは台中で買った汽車弁だったたのを思い出した。塩玉子とハムと豆腐のくん製なんかがのってるだけだけど、やや甘いのが台湾の味で、車窓ののどかな風景と絶妙に合う。

F L Y I N G C A R P E T

マグレブ

——チュニジア・アルジェリア

le Marchand de Jasmin

イントロダクション

空とぶ絨緞としては本場のイスラム圏に降りてみなければなりませんね。エーゲ海、アドリア海と回ったので、同じ地中海のマグレブに行ってみよう。アラブ語で西の果てという意味の。

月の砂漠の童謡と、「千一夜物語」につけられたデュラックのさし絵であまりにも夢幻的なイメージをつくってしまったので、実際の世界は何かドライすぎる感じがするのがイスラム圏だ。もっとも、乾いているのは確かで、これは気持ちがいい！　そして別の輝きに満ちていた。

マグレブはチュニジア、アルジェリア、モロッコの三国で、今回はチュニジアの首都チュニスを振出しにアルジェリアを回ってみた。

チュニスはパウル・クレーが旅行して、それまでモノクロームのデッサン家だった彼に、僕は色彩画家になった、と言わせたほどカラフルな印象が強い。白と青とジャスミンがシンボルという。家々のまぶしい漆喰の白にセルリアンブルーに塗られた戸口や窓が対比し、

黄土に映える。サイプレスやヤシの濃い緑。コバルト色のヒルガオ、ブーゲンビリアなどの樹の花の赤や黄や紫がからみ、繊細なジャスミンの群は真昼の銀河のよう。

それに窓の少ない家屋の単純な立方体と半球のクーポールの組み合わさった幾何学的構造や、アラビア文字の謎めいたカリグラフィも決定的な影響をクレーに与えた。

こうしたアラブ的造形の魔法はカスバの迷路で最大限に発揮される。

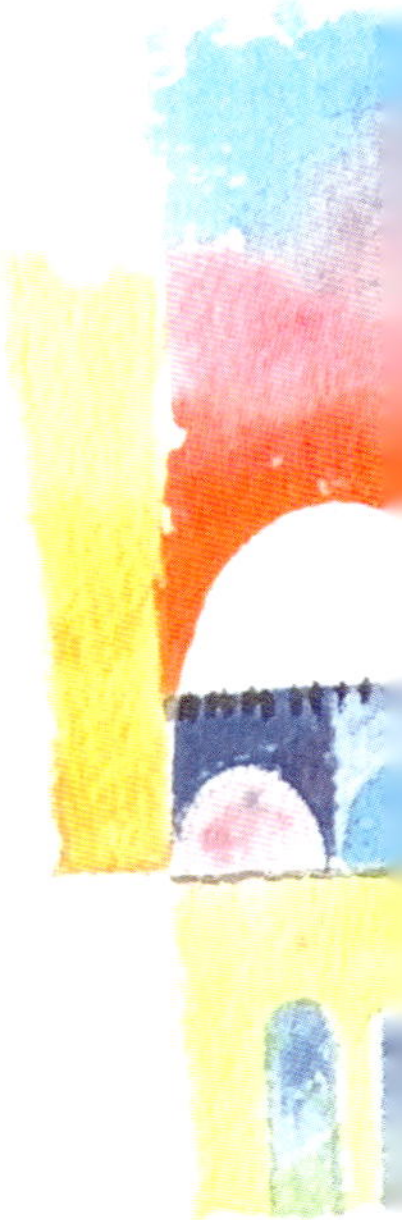

市場《スーク》のおびただしい商品と、それを作る職人たちの仕事ぶりはスペクタクルな見ものだ。
「星の王子さま」を書いたサン・テグジュペリはアルジェリアの海岸からサハラを越えてダカールに通う貨物便の操縦士をしていた。「夜間飛行」には〝すり餌を与えられた〟ようなわずかの土地に生きるパタゴニアの村落の灯が、闇の中で息づく様子を印象的に描く。ここアルジェリアでは、このすり餌の幅は思ったよりも厚かったが、比べてあまりにも砂漠が大きすぎるのだ。アルジェリアはアフリカ最大の面積の国。海岸地帯も東のコンスタンティーヌとアルジェ、西のオランとは服装からして違い、山地の民、オアシスの民、遊牧して巡る民がいる。
　アルジェリアはチュニジアが観光立国で外国人、異教徒馴れしているのに比べると、たとえば休日を金曜に変えたように宗教的にも厳しいし、野性味がある。七年の独立戦争、一五〇万人の犠牲の上に成立した社会主義国。フランス植民の前にトルコ支配、ローマ領という歴史の末だから、独立後はナショナリズムと共に各地の地方意識が強い国だ。
　アルジェの町では殆ど観光客を見かけなかった。多くは国営のレジャー施設に滞在型だ。映画「望郷」の舞台カスバも取りこわしが進んで歴史的遺物になりつつある。工業立国を目指すこの国とは日本も関係を深めているが、僕は独立戦争の始めの頃、フランスの軍港でアルジェリア人に間違えられて軍隊に捕まったことがあるせいか、何か人ごとでない関心がある。パリに住めば、この旧植民地の人達の存在について考えずに済ますことはできない。

サハラの砂漠を、星を目印に旅をする人達の姿に惹きつけられる。タッシリ（砂丘の美しい）の山岳に残る洞窟画も見たいが、まずはオアシス都市のひとつガルダイアを訪ねる。アルジェから飛行機なら一時間という近さなのに、アトラスを越えると全くの別世界だった。

ひらけゴマ！　チュニスのスーク

アリババが呪文をとなえたら岩の扉が開いて、アッと驚いた光景はこれ、というのがチュニスのスーク。

トンネルのような路にびっしりのお店、びっしりの商品。

スークとは市場《マルシェ》のこと、チュニスの新市街を東西に走っているブルギバ大通りの突き当りに石のアーチがあって、これがポルト・ド・フランスで、ここからカリフの城下メディナの内部へ幅二、三メートルの狭い石畳の道を入っていく。

迷子になる心配が先立つが、足元を見ると、メディナの中心グランド・モスケとカスバ（カリフの城）に通じる道は上等の黒い石が敷いてあるので、これを伝って帰れば、メディナを囲んでいる道路に出られることは間違いない。
もう初めからお店だらけだが、グランド・モスケの周りは軒並みで、屋根付きのトンネルになっていて、昼間も電灯をつけているが涼しい。大体同じような商売の店が集まって通りをつくっている。よく共倒れしないものと感心してしまう。
絨緞、壁掛、クッション、鳥籠、スリッパ、銅の金物、トルコ帽、装身具と、チュニス名物が何でも揃っている店は観光客用で、やはり専門店の方がのぞいてみる価値がありそう。そうした店は製造販売で、店先や奥の方で職人たちがせっせと品物を作っている。

カンカン威勢のいいのは金物細工屋で、アラブのちゃぶ台である銅の大盆にいろんな型を当てて細かい模様を打ちこんでいる。スリッパを売ってる通りの裏では皮をなめしている。シェシーアというふさ付きの赤いトルコ帽を商う通りは、フェルトにせっせとブラシをかけていて、散らかる商売だけに掃除もゆきとどいている。僕には必要ないけど、何やら顔に色を塗りたくる粉屋？　金のアクセサリーやサンゴ細工の店。そして実用品の鞍などの馬具屋。

猫がうろちょろしていたら食堂が近い。狭い通りにテーブルを並べ、油っこいうえに更にヌルヌルするオクラ料理なんか食べている。カフェが少ないわりにその分だけ床屋が多い。男たちがひまつぶしに寄るらしい浮世床だ。

日曜に来たら、あのあふれんばかりの商品は魔法のようにかき消えて静まり返っている。

チュニスのバルド国立博物館には、カルタゴなどの諸都市を飾っていた、ローマ時代のモザイクがわんさと集められています。

それの多くが海を題材にしていて、漁師の仕事ぶりや、海の生物づくし、タコや、イカやエイらしいのもいる。それにイノシシ狩りの図やら、沢山の果物、ブドウの模様、とくると、こうした床の大広間では、飲んだり食べたりの盛大なパーティーが開かれたに違いない気がしてくる。

チュニスは魚料理が名物という。魚市場をのぞいてみてそれが確実なのが分った。イワシまでピンピンしている。

イスラム料理も、中世の十字軍が初めて食べた時はその美味しいのにビックリしたに違いない。光は東方よりだ。で早速スークの中で道にテーブルを並べている店で食べてみる。魚の揚げたの、肉の入った一種のオムレツ、オクラと羊肉の煮込み、サラダ。ギリシャ料理よりも油っこくて、多すぎて残した。人の食べ方を見てると一品だけとって汁までパンできれいに平らげている。こうした普通の店ではまずブドウ酒は飲ませない。仕方なくて観光っぽいところに入ることになる。

ムラベ料理店は入ったサロンが涼しげでお茶かジュースを飲んで待つ。食堂は二階で、ボーイたちは赤いトルコ帽をかぶった衣装で、僕たちには特に馴れ馴れしい位に親切。「フランス人みたいに沢山食べられない、二人で一人分位だよ」と予告したら、どうぞどうぞというので、前菜に、ブリック・フリュイ・ド・メール、薦められた伝統的なサラダ。メインを魚のクスクスにしようかと思ったら、これには予約がいるという。名物なのにこれじゃ無意味だな。で、ムラベ風クスクス（羊と鶏）にする。ボーイの方で一人前とればそれで十分だという（本当だった）。

ブリックというのは揚げたクレープにおかずが入っているマグレブ共通の前菜。ここのは扇子を広げたような盛大な（食べにくい）のだった。サラダはオリーヴ油とニンニクに野菜を煮込んで冷ました、ラタトゥイユのようなもの。ワインもなかなか良くて、構えは大げさなのに先の大通りでの食事とあまり値段は違わない（一人二〇〇〇円位）。

チュニジア料理店では同じメディナにあるシャトーが有名らしいが改装中で閉まっていた。魚料理専門店では何といってもシェ・スラで、欧風調理だが、僕は長年といえる欧州滞在中、こんなに新鮮な魚料理にいっぺんもお目にかかったことがなかった。イカなぞ、たまたま妙なスープの中に飛び込んだという感じで、こう新しいと味付けは二の次だが、単に焼いたり揚げたりのアッサリ調理なのもいい。新鮮ならどうしたってそうなるのだろう。フランスでは高いルージェ、金魚みたいなボラの一種が甘味があって美味しい。「フェニキア人」を書いたG・ヘルムはこの店はカイロとタンジールの間のどこよりも安くて美味しいと書いていた。そのわりにすいてる。込んでるのはフランス料理店、パリで日本人が日本料理に押しかけるのと同じで、フランス人で満員。

スークのあちこちにミュゼ・トルコとかいって店の奥の階段を昇った屋上に壺が置いてあるだけのとこがある。メディナを眺めるにいい場所だが、さて帰る段になると、また店内を通るわけだから、何か売りつけようとするのを逃げ切るのが大変。

スークで何か買うならあらかじめ新市街のアルチザン・センターで標準値段を調べといた方がいい。それより安く値切らなくちゃいけない。たいてい値を聞くとえらく高いので、呆れて去ろうとすると「じゃ、お前はいくらならいい？」とくる。値段をつけるのはこちらの仕事なのだ。考えてみると理にかなっている。

壁掛が五〇ディナール（八二年現在、一ディナールは五〇〇円位）だと言うので、三〇でなきゃいらないと答えたのがマズかったというか、四〇になり三五になり……結局買ってしまった（一メートル四方位の）。正札には六五とついている。まず半値まではまけるが、いくら安く買ったと喜んでみても買ったら負けなのです。相手は損してまで働いているはずがないんだからね。

カルタゴの跡

それはそうと、私はカルタゴを滅ぼさねばならぬと思う
――カトー

Art punique. Pendeloque
en pâte de verre.

チュニスの北東にやじりの形に突き出た半島があり、根元に潟が入り込んで、いわば島のよう。イザという時には陸と連絡を断ってたてこもれる場所にカルタゴがあった。

こうした地形はフェニキア人の商業都市に共通の要求で、ここに植民してきた人々の故郷はレバノン海岸の岩上のチュロス。陸地側の国がフェニキア人から買った品物の支払いができなくなったりして戦争になれば、守りは固いにしてもまず水の補給が心配だが、度々の経験から彼等は海中にわき出ている真水を、漏斗をさかさにかぶせ、革のパイプで採り入れる方法で解決したので、争いが長びこうと平気の平左、かえって陸側の方が困って退散することもあった。フェニキア人が紀元前に発見していたこの真水採集法は近年試みられて効率のいいのが分っている。

彼等はまた、初めて竜骨のある船を造って地中海を自在に動き回る商人になった。竜骨船は東洋では七世紀になるまで考えられない。レバノン杉という格好の材料が得られたこともある。宮殿を建てるにしても材木がなければ手も足もでないエジプトがフェニキア人のお得意第一号だった。エジプトの方では属領から貢がせていたつもりだが、こちらはちゃんと見返りの品で採算をとっている。フェニキア人は陸側の交代する王国の要求に常に従った。ソロモン王の宮殿にしても、ペルシャが海軍を持てたのも、すべて彼らの技術提供のたまものだった。扱う商品は、材木のような重いのは航路の延びるに従って利が薄い、軽くてしかも自分で製造したものの方が稼げる。しかし何があったろう？　浜辺に。

天才的な彼らはそこである種の巻貝の腺から紫の染料を作り出した。古代社会で最も高貴な色としてこれは面白いほど儲かった。次にいくらでもある砂から透明なガラスを作った。ガラス自体は紀元前四〇〇〇年前からエジプト人が製造法を知っていたが、不透明だったから、これも珍しがられた。

こんな才能のある民族のことが、どうして歴史の謎とうずもれてしまったのかというと、彼らと張り合うこととなったギリシャ人がフェニキア人を徹底的に悪く伝えたからで、またフェニキア人はアルファベットを発明したくせに帳簿をつけるだけで、作り話のうまい雄弁なギリシャ人とは全く反対の寡黙な人達だったからである。

ギリシャ人も初めのうちは何もかも影響されていた。だいいちギリシャ神話にしてからがそうで、たとえばアドニスはフェニキアの都市ビブロスの王ポイニクスとその娘スミュルナとの間に生れた孫にして息子と伝えがある。アフロディーテと冥界の女王ペルセポネーがその美しさに惚れて争い、少年は裁定に従って一年の三分の一をペルセポネーと、三分の一をアフロディーテのベッ

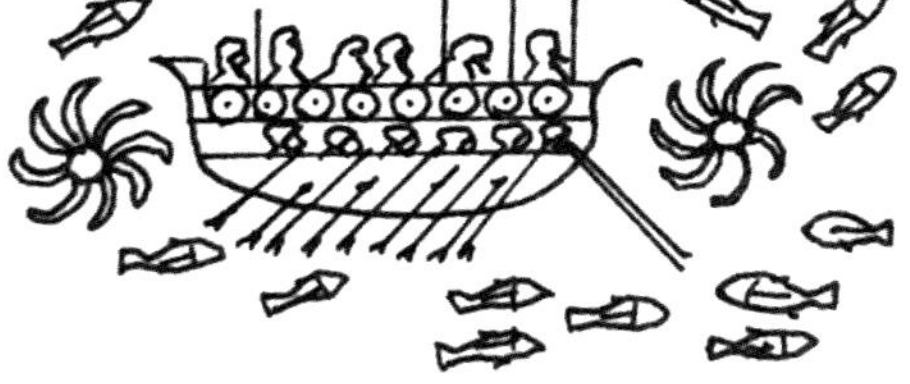

ドで過ごし、残りを休みにとれた。このことは地中海南岸の季節を示している。冬はなく、深まる秋があって、春に交代する。照りつける夏は好色な二人の女神の方も営みを休んでいるわけだ。北から来たギリシャ人があれだけの文化を無から創りだすわけがない。ホメロスの物語にもフェニキア人を野蛮人扱いしながら、何かの品物を贈る段になるとフェニキア産であることを、今ならルイ・ヴィトンのような名ブランドであることを強調していた。

レバノン諸都市が傾き、または滅ぼされた後も、カルタゴ帝国は栄え、地中海舞台に登場して来たローマと争うことになる。ギリシャ文化には敬意を払ったローマはフェニキアに対してはギリシャ人の悪意を受けついだ。

西洋史でおなじみのポエニ戦争の開幕。そしてハンニバルの活躍だ。中間をとばして、第二次ポエニ戦争。ローマ使節ルタティウスがカルタゴ元老院の前で戦争と平和を提示し、どちらをとるかと問う。カルタゴ側がそちらのお好きにと答えると、トーガをさっと振り「それでは戦争を差し上げる」と見得を切る。

スペインのカルタゴ植民地で機をうかがっていたハンニバルは、前人未到の、しかし練りに練った作戦を行動に移す。三七頭の戦車——つまり象だ——を、雪すら見たことのないアフリカ育ちの軍隊が連れて、ローヌを渡河し、ガリア人の襲撃を払いのけながら谷を登って、冬の、氷河のアルプスを越えてイタリアに進攻するのだ。

災難だったのは象だろう。象使いの少年の物語が胸を打つ。一八日間の山越えで一八頭が死んだ。しかしポーの平原になだれ込んだハンニバル軍は、パヴィア近くでローマ軍を撃破する。以後、野戦の範となる側面攻撃が初めて用いられる。三日月形の隊列の両翼が、中央で衝突している間に側面から後ろに回って敵を包囲する。

ローマは恐慌状態となって大あわてで軍隊を編成し直す。ハンニバルは新たな傭兵をボローニャで訓練中、風邪をこじらせて片目を失う。悪いことは重なって、留守のスペインにローマ軍が攻め入り、カルタゴ艦隊は全滅した。カルタゴのすべての希望は補給を断たれた彼の軍隊にかかっていた。

新編成のローマ軍とは、ローマと目と鼻の先のペルージアでぶつかる。これも罠に誘い込んで急襲し、完全に殲滅した。このまま突き進めたら歴史はどう変わったか分らないが、ハンニバルは精鋭をこれ以上失うのを恐れ、ありたけ集めて立て直したローマ軍とはお互いに牽制し合いながら並行して南下し、遂に長靴半島の拍車の下のカンナエで会戦する。これほど見事な勝利はなかったといわれる。必死のローマ軍はパレードのように進んでくるカルタゴ軍の包囲で三分の一が戦死し、残りは捕虜になった。

大勝利続きにもかかわらず、イタリア諸民族を反ローマの軍に束ねるという目算がはずれたのをハンニバルは知る。共和国のローマにはカルタゴ人が予想しなかった国民性が育っていた。そのうち肝心のカルタゴが占領されたと聞き、急遽カルタゴに渡ったハンニバルは町の南で戦ったが、常勝将軍もこのたびは敗れ、和平条約を口授で書きとらねばならなかった。

苛酷な条約下でハンニバルはなお賠償金がきちんと支払われることに留意し、これ以上カルタゴが不幸にならぬよう努めたが、暗殺を逃れて外国を迷い歩いたあげく、たどりついたビテュニアのプルシアス一世のもとでローマに売り渡された身を知った時、自害をとげた。

カルタゴの後の運命は、あのカトーの傲慢で冷酷な発言通り進行した。平和に商業だけに専念するという望みも、経済の独占を求めるローマが許さず、徐々に陸と切り離され、海を封鎖された市民は昔のテイロスの運命を思った。絶望の果てに都市を要塞化して抗戦に踏み切った。死にもの狂いの相手とローマも戦わねばならなかった。市街戦の最後の段階で多くの市民が自ら焔

の中に身を投げたと言われる。ローマは町を完全に破壊し、鋤で土を掘り返し不毛にするために塩をまき散らした。ローマ司令官スキピオは「イリアス」中の句「いつかは聖なるイリオンも滅びることもあろう……」を引用してその有様を友に語った。

その通り、カルタゴはローマ属領の都市によみがえるが、永遠にではなかった。今日、観光客を集めているアントニヌス・ピウスのローマ浴場跡を海風にさらしている。

フェニキア人は美術品をわ

ずかしか残していない。いずれも小さなものなのは、トランジスタ商人のようなところがあったからか、大目玉が特徴なのはバビロニアなどの美術と縁が深いことを物語る。

ローマ人は、沢山のモザイクを残して、カルタゴがその後も盛んな都市だったことが分る。キリスト教に改宗したあともそれは続いたが、イスラムの美術がそれに代る。何層もの文明の遺品はチュニスのバルド国立博物館に集まっている。

カルタゴ見物は簡単だ。チュニスから郊外電車に乗って潟を渡り、カルタゴの海岸に着く。電車の中で、市内では見かけない裕福そうに日焼けした美少年や少女がいる。この国では誰もが日焼けしているが、苦労がないとこうも美しい顔になるのか、彼等こそアフロディテに愛されたアドニスの子孫だ。うっとりしてしまう。

ハンニバルで降りるのが便利だが馬車屋がうるさい。乗らなくったって歩いて回れる範囲なのだ。

カルタゴ一帯は別荘地帯で、岬のシディ・ブ・サイドはちゃんとやりさえすればキレイになるという見本の村で、ほこりっぽさは微塵もない。丘から見下ろした澄んだ海のヨットハーバーはすいているし、

カイルアン行BUSの中

ここはビバリー・ヒルズより清潔な世界一流の健康地だ。

どこにも金持ちはいるものだと、立派な邸宅を見て歩いてるとイヤになってくる。こんなところを観光するのは愉快でないが、観光バスが着き、土産物屋が並んでいる。店のひとつをカメラに収めようとしていたら、店員がひとのひじをつついて一ディナール払えという。冗談じゃねえや。

カイルアン　北アフリカ第一の聖地

チュニスの南方一五〇キロにあるカイルアンはマグレブ第一のイスラム教の聖都。

九世紀に建てられた最古のモスケがある。

空とぶ絨緞から降りると途端に神通力を失って、歩くか、バスに乗ることになりますが、実はこの方も趣味で、同乗のお客を見ているのもなかなか面白いのでした。

日帰りの聖都詣で。

チュニスの中心から少し離れたイタリア通りに遠距離バスのターミナルがある。カイルアン行きは朝の五時半だというので暗いうちに行ってみたら、もう茶店や、背広やワンピースを山のようにかかえた物売りが出ている。

バスの運ちゃんに「これカイルアン行き？」と聞いたら、ケゲンそうな顔のあとで「あ、キ、ルアンね、ウイ」と言うので乗って待つが、車輌交換だ何だで二時間おくれて出発。急行でなくなって山際の村々に寄っていく便で、お客はアラビアのロレンスみたいな格好の人ばかり。途中から全財産を身につけたようなベルベル人のおばさんが乗り込んで来たり、車内に弁当を少年が売りに来たりして面白い。

見渡す限り何もなさそうな所で、「オッと、降ろしてくれ！」と叫んで、一体どこへ向かうのか分らない。カイルアンの地方は妙な土地で、アトラス山脈（万年雪のところもある）がとぎれ、河が地面に吸い込まれて消える。砂漠とも沼地ともつかない。海面以下の土地もある。冬は一帯が湖になるらしいが、今はひび割れた地面に枯草の固まりが散らばって羊と見分けがつかないのに、目のいい牧人が見張りをしている。

町に入る手前にモダンな汚水処理場のようなのがある。これが何と九世紀に造られた貯水場だとあとで知ってびっくりした。カイルアンはそんな古い町なのだった。

カイルアンは日干しレンガの城壁でかこまれている。九世紀のグラン・モスケも、外観は城塞のよう。小さな扉を開けて、中の林のような列柱の涼しさにひかれて座り込んでい

たら、老人がびっくりしてやって来た。イスラム教徒以外はこの場所に入ってはいけないうえ、城外にある観光案内所で拝観切符を買ってこないと内庭にも入れないのだった。

モスケを見られるのは一二時半までなので、あわてて券を買いにもどって来たら、最前の人がニッコリ笑って迎えてくれた。

町の家々はすべて白壁に塗られ、清潔だ。羊の放牧地の中心で絨緞の産地なので家々の壁に製品が掛けられていて美しいアクセント。京都や奈良のような寺町で、静かで時代離れしてて、人々もノンビリしている。

町の人達は昼食前にモスケに礼拝に来るのだろうか、あちこちの路地の奥にある涼しそうなモスケに人々が集まっている。お祈りは正座してそのまま体を前にたおす、とてもいい運動だ。毎日これが何回もあるからモスケは涼みがてらの集会場だ。

チュニスのホテルマンが「カイルアンに泊まることはないよ、一日あれば十分」と言っていたのは分る。メッカがあまりにも遠い時代はここが代わりをつとめたが、今日信徒は何がなんでもと飛行機でメッカへ行くようになって、宗教の中心としてはさびれてしまった。

帰りの最終は二時というので昼食もとばして駅で待つが、例によって三時間も遅れて来たバスは超満員、田舎から兵営に帰る若い兵隊たちが多かった。ずっと立ちづめでくたびれた。しかし乗客たちは実に陽気（酒も飲まないのに）、砂漠の民は一定の空間に入ったもの同士はもう親類付き合いということらしい。

チュニスからアルジェへ

チュニスからアルジェへ行く飛行機が二週間先まで満席。待ってたらビザが切れてしまう。鉄道で行くのも乙だと思って駅に来たら、これがまた大変。イスラム教暦九月、ラマダン前のヴァカンスの始まりなのでした、悪いことに。

アルジェ行きは正午近く出る。案内所で聞いたら寝台で翌朝に着くという。あとでこれはデタラメの返事なのが分って翌日の午後着で、寝台車ではなかった。

切符売場を見たらビックリ、暴動が起ったようで、順番を守った方が結果的にはスムーズ、ということを知らない人達で蜜にたかる蜂のよう。フランス人も行列に割り込む天才だけど、植民地の影響を受けたんだろう。

押したってしようがないのに後ろの男は肩越しに顔を僕よりも前に突き出している格好で、

ALGERIE
アルジェ行の
切符売場窓口
駅員の人は全く
平静である

やっとたどり着く窓口で人が切符を買ってる最中なのに、自分のいらなくなった往復切符の片割れを売りつけようとする。こちらは二枚だし一等だと言っても追加料金払えばいいじゃないか、なぜ買わぬ、ポコア、ポコア？　とそのしつこいこと。こんな騒ぎでなきゃ助けてもいいがネチネチしてるのがいやだ。駄目と分ると今度はあの中国人は俺のちゃんとした切符を買いやがらねえと宣伝に回っている。

発車まで二時間あるのでアルジェに連絡するために電話局へ行ったらここも大混雑で、待ったあげく不通、パリでも通じるようになったのは近年なんだから植民地じゃ無理ないと電報を打つ。さて食べ物を買っとかなくちゃ、ところが見事に駅周辺には食品店がない。ジュースなど皆無で仕方ないからカフェで水を一瓶買ったら一〇〇〇円とられた。

今度は乗るのが大変で、一等といえ指定席でも何でもないのであわてる。何の了見かアルジェ行きホームには前もって人を入れないので端の方からボストンマラソンのスタートがごとく、列車が入ってくるやいっせいに突進する。

対岸のホームに沢山いた連中も目あてはこの列車で、線路をまたいでワラワラと側面攻撃をかける。これがドシャ降りの雨の最中なのを想像してみて下さい。夢中のうちに我々二人が窓側の席を確保できたのは奇蹟というか、こちらも終戦直後にきたえられてきたというか……。それでも窓に立って観戦してたりしてはタチマチ人が座り込んでしまうからオチオチできない。ゴトンと列車が動き出した時は安堵感で死んでもいいと思った。

コンパートメントのメンバーは初対面でも和気藹々《あいあい》の付き合いになってタバコや果物を勧め合ったり、お国自慢とチュニスの悪口が始まったのは、皆アルジェリア人だったからで、女房が高かった水の話をしたら、だからチュニジアンはいけない、となる。

　途中止る駅には沢山の子供の物売りがいて、弁当もジュースもあるので安心する。ジュースを一瓶買おうとしたらえらく高いのでやめて気付いたら中身をすぐ飲むんなら安くて、瓶の方が中身の三倍するのだった。皆はポリエチレン瓶を持ち歩いていてホームの水道で水を入れている。すると子供がピリピリーッと発車合図を真似て、あわてて途中で止めてかけ出してる人などいる。列車が動き出すと売れ残った水なんかは窓めがけてブチまける。悪童どもだ。

　威張ったのが入ってきて、チュニジアの金を持ってるかと聞くので正直に答えたら、それは大問題といわんばかりに人を立たせて自分が座り、書類を作り、金を取り上げて領収書をくれた。持出し禁止らしい。

　またチュニジアに入国した時に返すから安心しろという

がこれで弁当も買えなくなった。ヤケで尻のポケットからウイスキーを出して飲んだら空《から》になった。同室の連中は宗教上飲まないが、甘いものばかり飲み食いしててもう体がどうにかなるのか陽気になって来て、隣室など大騒ぎで、やけにはしゃぐ男がやって来て漫談をエンエンとしていった。これがあの窓口で押し合っていた同じ人種とは思えない和やかさ。アルジェリアに入って夜になり、アンナバで一時間以上も停車して、コンスタンティーヌを出てしらじら夜明けになった。

けっこう雨の多かったチュニジアに比べるとアルジェリアはいつ雨があったか分らないほど荒涼と乾いている。人魂《ひとだま》が地面から立ちのぼっているようなのが群生していて、あとでこれは野生のタマネギのネギ坊主だと分った（食べられない）。松やユーカリが茂った涼しげな村もあって、色とりどりの服の女の子たちがあわてて手をふっている。女の子はやたら愛想がいいが、男の子の方は反対で、ある駅で止った時に写真を一枚撮ったら気付いたらしく、しばらくして窓ガラスに大きな石がガーンと飛んで来た。

チュニジアは女、アルジェリアは男、と言うらしい。同室の連中はアルジェリアの人間は気性が激しいし、特に若いのは何するか分らん、注意しろと言う。

ああした少年がいる国は少なくなった。「おっ母あ、心配すんな、おらが何とかしてみせらあ」と言って豆のつるを登っていって、巨人の寝ているすきに銀のハープなんぞを盗んできたりする少年は、しかし彼等だ。アルジェリアの野性、観光国チュニジアと違う雰囲気はだんだん分ってきた。チュニジアはイタリアとグラデーションをもってつながるが、フランスとアルジェリアとの混血は少し遠い。

アルジェ近くになって、女房の隣のおばさんが顔にヴェールをつけ、紫頭巾のように変身して降りて行った。アルジェリアでは結婚した女性は親類以外の男に顔を見せてはならないので、コンパートメントの人達は親類付き合いというわけか、またチュニジアでならそんなにキチンとしなくてもよかったということか。

アルジェは大都会で、郊外も広かった。映画「望郷」で見知った感じがする港のターミナルに列車が着く。

ここでは、パリで知り合ったアルジェリア人・アブダラ氏の実家の三男が迎えに行くから必ず連絡をということだった。チュニスから打った電報が届いていてバシール君が車で迎えに来てくれていた。一度パリで会ったことのある青年だったけれどどうろ覚えで、でも兄貴に似ていたのですぐ分った。何を見たいかどこへ行きたいか教えてくれと家へ着く途中で聞き始める。ガルダイアというオアシス都市に行ってみたいと言ったら、わがマルグーブ家の出た町で、自分も休みが終ったらそちらの方に働きに帰るから案内できるという面白くなりそうな話。

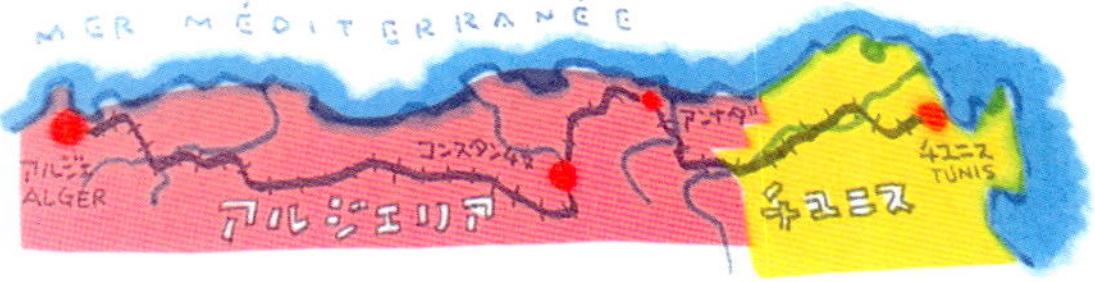

預言者マホメッドの生れた日はキリスト教で言えばクリスマスだが、回教暦は太陽暦でないので、毎年ズレていく。丁度この期間にぶつかったわけで、大変だったけど面白くもあった。飛行機など予約がＯＫでも乗れないことが多いというのも分った。メッカへ巡礼する人達の荷物というのが大変な量なのである。聞くとメッカでは二〇日間ほどいろいろなシキタリに従わなくてはならないから泊まるコトが大変で、大きなホテルもあるが金持ちで満員で、常人はキャンプをはらなければならない。貸テントもあるだろうけど砂漠の人達は自分のを持っていく。支柱の材木まで一緒で引越のような話だから、これで機が重くなってしまうのだ。

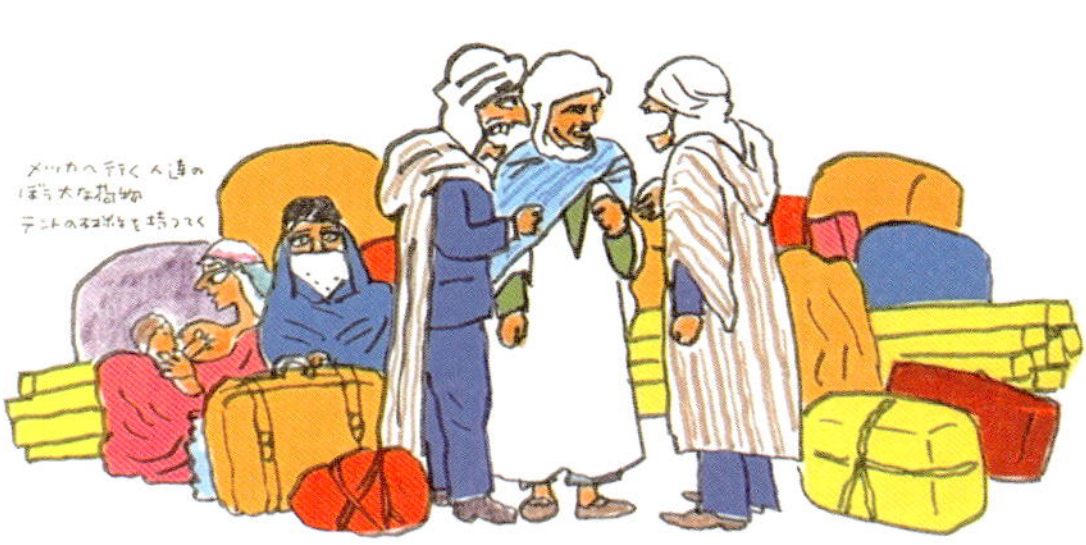

メッカの悪魔のシンボルにおしよせる人々

アルジェから僕たちは再びチュニスを経由してパリにもどったが、この人達と一緒で、チェック・インが終ったあと、待合室で車座になって和気藹々とやってた人達がイザ機に乗る段になるとタラップに殺到して押し合いへし合い、いつまでたっても誰一人入れないという騒ぎには呆れてしまった。乗務員が降りて来て一人をひっぱたくとオッとたじろぐスキに一人が上がる、という具合で何とか進むのには驚いた。で、中はガラガラで三分の二位。入口でケンカをしてた人達が再び和やかになってるのに、また驚いた。砂漠の民は客人を大切にするというが、とにかく同じ空間に収まってしまうと友人同士になってしまうらしい。

メッカ詣は昔ほど義務づけられてはいないけど、やはり行ったと行かないでは格が違ってくるので、一族で誰か行ってないと弱い。アルジェリアの人は直接メッカへ行くよりも、途中チュニス見物などするのを選ぶ。チュニジアは、回教国の中ではダラクした国と思われていて、ここで少し羽をのばすわけで、お伊勢参りに古市遊廓が付きものなのと似ている。回教国同士ではどの国が最も宗教戒律に厳しいかを競っていて、本山のあるサウジア

ラビアではたとえば酒を持っていただけでも入国禁止で、税関で捨ててもダメ。外国大使館では粉末ビールを飲んでるという話もある。ところがサウジの人は他国では大変な飲み

助とされている。あまりこんなこと書くと石油事情に影響がありはしないかと心配だな。メッカにはぜひ行ってみたいんだけど、回教徒以外は入れない。

写真集や話を聞いて想像するしかない。天下の奇観である。いろんな聖地のうち、悪魔のシンボルというのがすごい。空堀《からぼり》の中に柱が立っていて、これが悪魔で、何万という人がそこに押しよせてスリッパをなげたり、悪口雑言のかぎりをその柱に向かって叫ぶ。そうすると自分はキレイになるらしい。どこかおかしい論理だと思うが、感じとしては簡単なので人が集まる。押しつぶされて死ぬ人もいるがこれもメッカで死んだら幸せという。前まで進むのが大変で、日本人がいちばん上手に乱暴に人をかき分けて行く、と言うので、日本にそんなに回教徒がいるかなあと言ったら、ウーム、近いけどそいつはインドネシアだったかなとその人は訂正した。なるほど、インドネシアやマレーは回教国です。アラブの人から見ると日本などは聖なる時を持たない目茶苦茶な人間ばかりで、煙草や酒は飲むし、女性は結婚しても人前に顔を出すし、偶像崇拝につながる写真は撮るしで救いようがないと憐れまれている。

ガルダイア

ガルダイアの町は何もない砂漠の底から現れてくる。

海から五〇〇キロの内陸、アトラス山脈を越え、もうあとは一〇〇〇キロ先まで高い山もない平らなサハラのフライパンのような凹《くぼ》み、ムザブの谷のオアシスがある。

アルジェ発の飛行機はまだ暗い朝の四時半で、約一時間で着き、客を乗せ換えて六時にはアルジェにもどる。朝の涼しいうちに仕事を済ませないと大変なのだ。昼間は走っている車のフロントが溶けてしまう暑さになるから。

闇の中に真っ赤な一線が走り、太陽が天と地を分つドラマのあと、紫色に染まったガルダイア空港に着く。降りた途端、目や唇に蝿が飛び込んできて、はらっても数匹は離れずついてくる。ラクダで砂漠を行く時も、このお供は旅の終りまで一緒なのだろう。

相乗りのリムジンで町へ向かうが、一体、どこに町があるのか石だらけの砂漠が周りに広がるばかり。しばらくして大地に大きな亀裂がひらけ、谷底から砂色の〝レゴ〟を積み上げたような、そして盲目の巨人のような塔をいただいた集落が現れた。しかも一つでなく、こうした町が四つあるのがムザブの谷で、ようやく強くなった黄金の日を浴びて影が強くなりだすと、町は結晶体がむくむく成長するように見える。サハラ土産、砂漠のバラ《ローズ・デ・サーブル》のように。

僕らは植物を見つけているからだが、砂漠を渡ってきた人は、この谷に整然と生い茂ったナツメヤシの緑に感動するのだろう。それは数万本もあり、すべて人の手で育てられたもので、数千年の昔、預言者の時代からこの谷は、この樹の実《デーツ》によって商都として栄え続けてきた。

町の並木もナツメヤシ、もう樹に実っている時からネットリと熟し干されて自然が保存食に加工する。子供たちが樹に登ってゆするとお菓子がバラバラと路に落ちる。甘いもの好きではなかったのに、乾いた土地ではこれがいつしか好きになって、訪問する先々でまずデーツに冷たい水をそえて出してくれるのがうれしくなった。

これは丁度、東北の田舎でお新香とお茶が出されるのとおんなじだ。

ムザブの谷はまた、水がとても美味しい。まろやかな味の水がわく泉を、土地の人は大得意になって案内してくれるのだった。

オアシスの町ガルダイア。何もない砂漠のまっただなかにこうした造形物を見ると、人

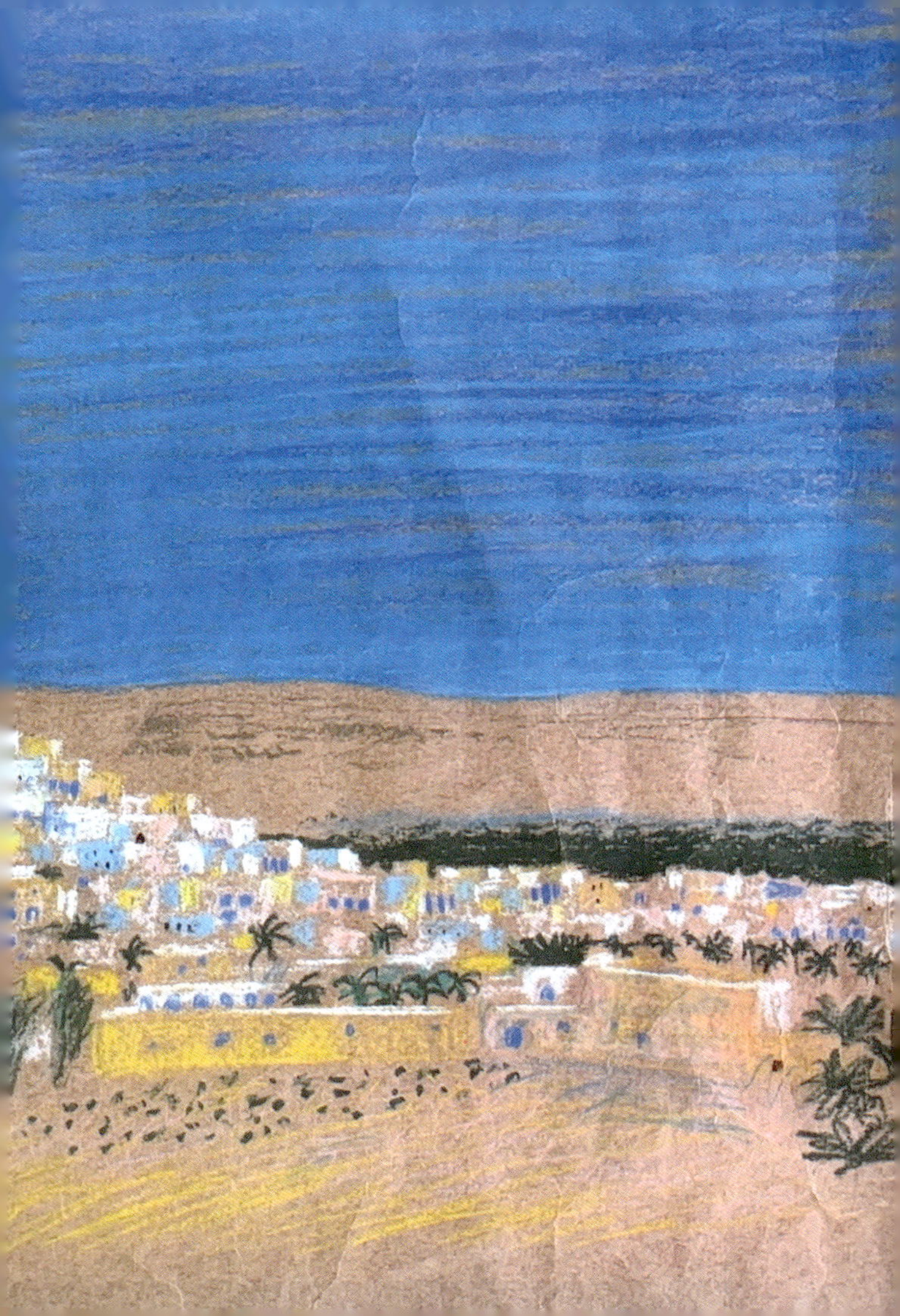

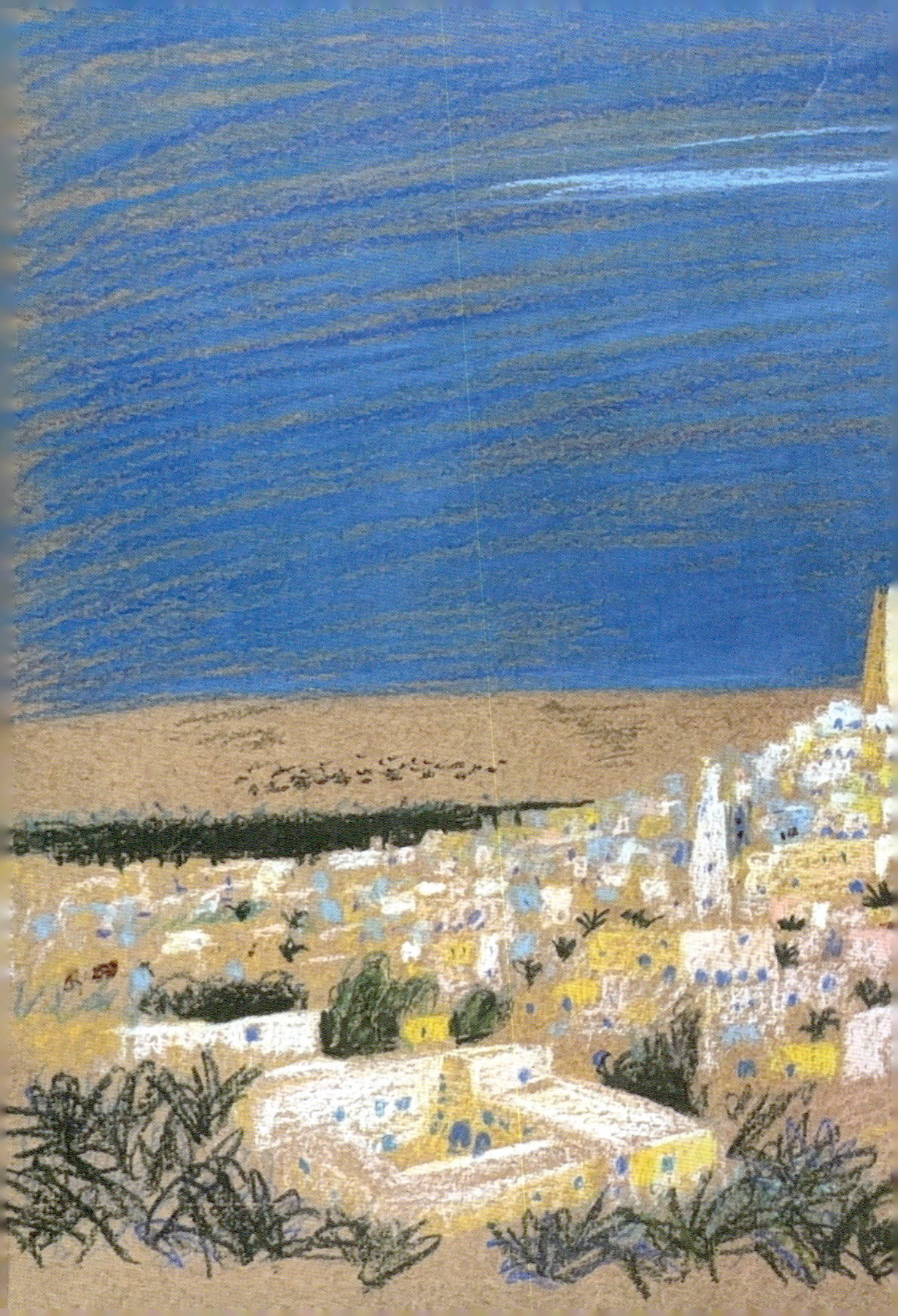

間もサンゴ虫のようなものではないかと思ってしまう。まさしく、こうした砂漠の建物はル・コルビュジエにインスピレーションを与えたのだ。ここに住む人達の生活の一端。

ムザブの谷には四つの古くからの集落があって、マルグーブ家の出たのはまだ城壁を残すベニ・イスゲン。いちばん大きい町であるガルダイアとの間にパラパラと続いているのが新市街。

僕たちが落ち着いたバシールのステュデオもここにある。

バシールはレストラン嫌いなので市場に買出しに行く。ガルダイアの狭い通りを入ると間もなく広場があり、見上げると例の盲目の巨人のようなミナレットがある。牛の首を看板代りに下げた肉屋、ベトベトに甘い菓子屋、地べたに並べたカボチャ（カブヤという）やキュウリ、ハッカや菜っ葉、つながれた山羊やニワトリ。そうかと思うと花柄のあくどいパンティーを洗濯ばさみで留めてたり、ありとあらゆるものが商われていて、ロバにまたがった人や買物袋をしょった人達で混雑しているが、気付くと売手も皆男ばかり。買出しはもともと男の役で、アルジェぐらい現代化したところでは、近頃は女も買出しに行くけどね、ということらしい。

その辺からこの町のしきたりが相当うるさそうなのが感じられて、マルグーブ家の娘たちもそういえばベニ・イスゲンに帰る時は私たちもスカートじゃいかない、親類たちのショックが大きいからと言ってた。

昼食をマルグーブ家の知り合いのムハメッドさんが招待してくれる。バシールは僕の半ズボンとランニングの格好は困るという。煙草もベニ・イスゲンの城壁をくぐったらやめること。煙草は酒ほどではないが罪なのだ。ちゃんとした家柄の息子が変な人間と一緒に歩いていて

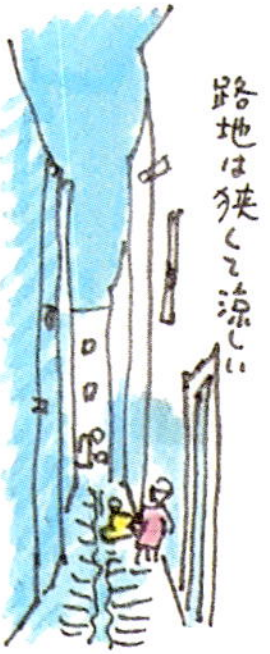

はマズイ、というわけです。

ムハメッドさんの家は城壁づたいに行き狭い横道を入ったところ。城壁には銃眼があって、昔は外敵と戦った。ベニ・イスゲンは遊牧の民の世界の中にナツメヤシ植林者が定住した地。たえず外敵からの略奪の危険にさらされてきた。古い部分は一四世紀という。

サロンに通され、挨拶のあとカンドゥーラを貸してくれる。頭からかぶって、中でゴソゴソとズボンをぬいでくつろぐ。子供がよく働いてお父さんが何か言うたびにかなり重いものを運んでくる。

デーツのあとクスクス料理、粟のようにメリケン粉を加工したのに肉や野菜の煮込みをかけたもので同じ皿からとって食べる。鶏にカボチャ、人参、瓜、ジャガイモと野菜が多くて美味しい。クスクスの美味しいのはキリがなくて苦しくなる手前で止める。太るから嫌いとバシールの妹・カリマが言ってたっけ。

終ると子供が下げて、今度はお茶道具を運んできてハッカ茶のセレモニー。ハッカ茶には砂糖を入れ、高いところからジョロジョロとつぐ。暑い国の人が甘いもの好きなのは塩気をとりすぎて水飲んでた日にはキリがないからだろう。ムハメッドさんは以前、日本の

ボンボン（紙に包んだオカキ）を口に入れてカライのであわてて吐き出したという。何で日本人は塩からいものばかり食べてるんだ？

家の中を案内してくれる。中央に天井から光のくる広間、右が台所と女の部屋、左が男の部屋と決っていて男用の入口も別にある。二階は吹抜けの周りに洗濯や織物の仕事場。壁の高い、ほかからのぞかれない屋上には物干しと、水を革袋に入れて冷していた道具。上へ行くほど暑く、地下室は涼しい昼寝の場所。下りようとしたら男は駄目と止められた。

最前から顔を見せなかった奥さんが赤ちゃんと休んでいるからで、女房だけ下りて挨拶してくる。愛想いい人だったそう。女同士は隣近所、呼び合っては話し込んだり、かなり女性はノビノビ生活してるらしい。

ステュデオに帰ってシャワーをあびる。コオロギみたいなのをバシールがスリッパであわててツブした。女房があら可哀そうといったら、これは砂風にのってくる風のサソリという奴でかまれると蚊よりだいぶ痛いという。

ボウノウラに住むアブラハムという名がふさわしい善良な笑顔の人が訪ねてきてムザブの谷をドライヴしてくれる。三つの町が眺められる丘の素晴らしい見晴らし。

途中に私設動物園があって少年の案内でサソリや毒蛇を見る。サソリに餌はいらない。お互いに食べあうから。ガゼルがいた！　可愛い目、驚くほど細い脚。ラクダの仔もいて「ご見物の衆、ディナールで私に水をごちそうして下さい」と札に書いてあり、コーラの瓶から水をうまそうに飲む。

ここでは家は、ギリシャ風の円柱だけコンクリートの出来合いを買って来てあとは自分で建てる。アブラハムは新居を建築中だ。

そろそろ夕暮れで日没のお祈りが始まった。バシールはイスラムの帽子をきちんとかぶる。

見事なナツメヤシの森を通る。すっかり涼しくなる。夏はこの森の別荘に移るという。はずれに泉があって、最近見つかった新しい井戸でとても美味しいから連れて来たという。まろやかなミネラルウォーター。あたりは暗くなって大きい月が出た。何かこうしてアブラハム氏に水などいただいていると、旧約の時代の中に自分もいるような気がしてくる。

その夜は外の方が涼しいので、庭にバシールが張ってくれた布の下で寝た。砂風が吹いてくるし、蠅の代りに、今度は蚊だったけれど。

日没後、一時間目に最後の礼拝があって、ミナレットの拡声器からコーランをとなえる陶酔的な響きが聞こえてくる。江戸の夜回りのようだ。

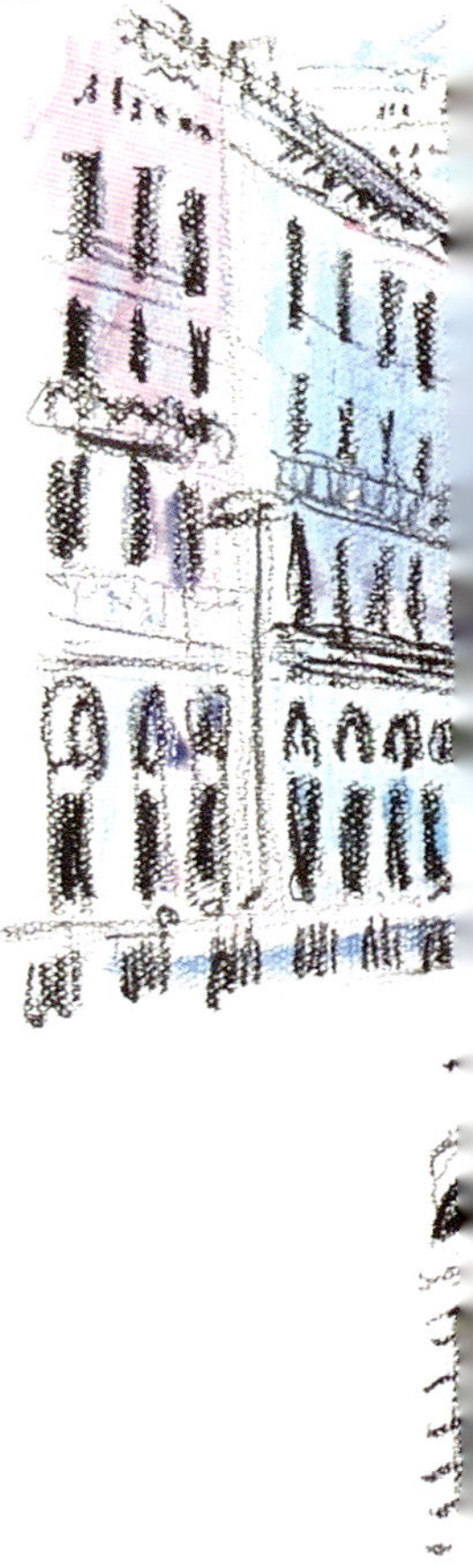

望郷のアルジェ

「望郷」という映画の主役はアルジェのカスバそのものだった。暗く、アリの巣のような迷路にわけのわからぬ言葉と音楽が響き、屋上からはまぶしい白の家並の果てに青い海が見える、美しすぎる海が。

カスバにぺぺというギャングが逃げ込んで顔役になっている。アルジェの警察にパリから来た刑事が、なぜそこにいると分ってるのに捕えんのだとなじると、アラブ人のスリマン刑事が「それはカスバをご存知ないからですよ」と前置きして、画面はカスバを移動撮影で描き出す。上へ下へと狭い道がいり組んだ迷路。奇妙な名前の町、そこにうごめくありとあらゆる人種。このモンタージュが始まると僕はうきうきしてしまい、ここが見たくて二〇回以上は通った。

ぺぺは手入れがあってもあわてない。右往左往する警官を尻目に勝手知ったる階段や戸口を伝って、中庭や屋上にたむろしている女たちにウインクなどしながら手の届かぬ所に逃げてしまう。

「町に下りてきたところを押さえるんです。それしか手がありません。必ず奴は下りてきますとも」とスリマンはくぼんだ目の底で気味悪く笑う。

カスバの屋上からはどこからでも海が見える。カミュが〝美しすぎる〟と表現した港。その向うのパリから、カスバ見物にやってきた美女がギャビィである。ぺぺは彼女を通して懐かしいパリを思い出す。「いい匂いだ、地下鉄を思い出す」。「一等車よ」と女が言う。どうもパリのメトロはいい匂いというよりかシーツを取り替えてないベッドみたいだが、とにかくスリマン刑事の念力も働いて、パリにもどるギャビィを追ってぺぺはカスバを夢遊病者のように下りだす。ジャン・ギャバンはカーッとなると目が灰色に光った。ぺぺの白靴の片足が階段の第一歩を踏み出すとこから画面は始まって急ぎ足になり、カスバの家並が表現主義映画のセットのようにゆれ動いた。ぺぺが動いた！　と情報は伝わってスリマンは港に網を張る。

手錠をかけられたぺぺが港の鉄柵にとりすがって「ギャビィ！」と叫んだ声は汽笛に消える。

アルジェの町はアフリカの砂漠の町並から、ニースやシャンゼリゼに至るまでを極端に狭い坂町に並べたようだ。植民者《コロニー》たちはひたすら海の方を眺めつづけてきたような……。植民地時代の名残にノスタルジィを感じるフランス人は多いだろう。北の丘にはマルセイユの大聖堂に似たノートルダム・ダフリクが海を向いて建っている。こうした奇妙な半濁状態と、水平線がいつもさだかでない海の、虚無への傾斜感が、マルシャンが描いたような黒い太陽にさらされた時、「今日、ママンが死んだ……」で始まるムルソーの独白が実感を持ってくる。

Touareg ナイジェリアに近いあたりの人達のスタイル

パリのバルベスやリヨン駅裏手のアフリカ人地区のカフェには、奥に必ずカセット・ビデオの装置が光っていて、アラブの歌が流れ、踊りや景色が映りだす。映像派監督のクロード・ルルーシュはこれで腕を磨いた。

アラブ圏はコーランの他に歌で結ばれている。コーランをとなえる節にも似た、陶酔的な語りがハタと消える語尾。アラブのブラッサンスと言うべきアトラッシュ、亡くなった女性歌手のハイアルは共にエジプトの人だが、アラブ圏のどこでも親しまれている。ハイアルがアルジェ港から外国へ出稼ぎに行く男との別れを悲しんで歌う。男の姿はズームレンズでとらえられたままカスバの階段をいくつも下りて下町の広い通りを進み、港の人込みのゆれるかげろうの中に消える。

アルジェリア・スーヴニール

旅の終りがああこれで自分のベッドで寝るという安堵感だけならどんなにいいだろう。今回も心残りが多すぎる。やはり相当違う世界だったのだ。

●お酒が飲めないイスラム

九世紀末にヴァイキングが東方世界までのしてきて、シチリアやウクライナに国を建て、何か国教を決める段に回教は酒を飲めないと聞いて、そりゃ北方人《ノルディック》には耐えられぬとキリスト教の方にした。

コリン・ウイルソンは、動物のうちで人間の脳だけがこうも爆発的に進化したのは醸造法を発見した時からだと説を立てて（彼はどうもアル中らしい）、なるほど、と思ってる僕には少しつらい旅だった。

でもアルジェの海水浴場で国営のビールがあって、飲めた。酒の誘惑に勝てなかったアラブの詩人の名が銘柄なのは洒落ている。

罪深いのもいて、バシールの話では砂漠の方で働いている中に、燃料用アルコールを飲むのもいるという。イスラム教徒も外国では気を許して禁を破り、戒律の厳しいサウジの人も呑み助が多いとか。

●煙草も軽い罪

コーランが生れる時代にはまだ煙草は伝来してなかったが、これも酒より軽いが罪とされている。

ガルダイアでは人口一〇万なのに煙草屋は二軒きり、それも四時に開いてすぐ売り切れるらしい。だいぶ節煙になった。たまには禁煙、禁酒、禁デンプン国を旅行した方が身体によさそうだが、何かを禁じている国はどこか気が落ち着かない。

でも吸っていても人がニランだりするわけではない。フランスの列車で煙草を吸ったら、それまで向い側のシートにジョギングパンツから出した汚い足をのせていたアメリカ人が憤然と立って出て行ったが、そんな失敬な態度はイスラムではない（禁煙車両ではなくて、同室のフランス婦人も肩をすくめて煙草を吸い出した。また、入ってこないように）。

わざと裸同然の服でイスラムの町を歩く観光客は確かに悪魔的な罪と見える。

●豚肉は食べない

この戒律は、あ、そうですかという感じで、トンカツを食べられなくても平気だが、イスラムの人は今食べたのにハムが入ってましたよと言われただけで生理的に吐き出してしまうし、消化したあとだったら病気になってしまう。

インドとバングラデシュが分れたのも、一方のヒンズー教が牛を食べてはいけないからで、これでは一緒にうまくいかない。食べたいのを止められてるのではない食物禁忌《きんき》は、いわれもない他人への嫌悪感だけで同情をともなわないから困る。

チュニスの市場で外国人用の豚肉屋があったが、看板にはディズニーの三匹の仔豚の絵を使って何とか愛嬌よくつとめようとしてた。

バルカン諸国からウィーンにかけて料理というと豚なのは、トルコが強大な時代、掠奪されない唯一の食品だったのが原因らしい。

イスラムでは本当はほかの肉でもイスラム教徒の手で洗礼された犠牲肉じゃなくては食べてはいけないので、これを固く守ったら日本など旅行してると餓死しそうになる。故に人はやむなく罪をおかす。

●夜ふかしもあまりできない

日に六度の礼拝も大変。最初のは夜明け一時間前で、寝足りないからまた床に入るが、次のは日の出の刻だから早起きのために夜ふかしできない。昼の礼拝、日没前、日没時、日没後一時間と全部をやれない時もあって何かで埋め合わせをするらしい。寛容の精神も生れるわけだ。

礼拝は体操みたいで心身によさそう。日本に来たアブダラ氏が日本人は聖的な時間というのをあまりにも持たないと言ってたが、聞くべき言葉だろう。

●絵のない文化圏

イスラムでは一切の画像彫像は偶像崇拝につながると狂信的厳格さで絵も写真もいけなかった。

預言者マホメッドの肖像というものはない。キリスト教も偶像崇拝を禁ずるのは同じで、初期にはイエスや聖母の彫像はあまりにも生々しいと禁じられ、絵は一種の抽象と見なされてイコンが発達した。

人の子として生れ、人間の苦悩、肉

の苦痛を負った救世主を描き出し、聖人や奇蹟を絵で物語るのに熱心な宗教と、文様だけが発達したイスラム教とは完全に対立している。
アルメニアの画家サリアンは先のソ連旅行で知って好きになった人だが、中近東やエジプトをよく旅行し、その印象に、あれほど絵画的才能、視覚的感受性の豊かだったエジプト人が野蛮なイスラム教によって創造力を失ったと怒りをこめて嘆いている。
それには自国アルメニアの国土がイスラムの民に侵され、ほとんどがトルコ領になっていることへの感情が働いていると思うが、キリスト教がエジプトに伝わって、沈滞していた美術がコプト寺院の壁画や織物にたちまち復活して、それがとても僕は好きなものなのでサリアンの言うことに共感してしまう。
絵さえ描けば世界中どこも気が通じると思ってたが、けしからん行為と思う人達もいるので、サリアンはコサックの村で写生していたら群衆にとりまかれて危うい目にあった。絵に描き込まれた少年は父親になぐられて血だらけになってきて、消してくれといい、拭き消したキャンバスの絵具を指さしてまだ残っているよ〜と泣いたという。二〇世紀の話とは思えない。

　今日のマグレブでは結婚した女性が道徳上の理由で写真を撮られるのを嫌う。決して魂を抜きとられるといった原始的な感情ではなく、絵画や写真展もあり、映画も盛んだ。チュニスで見た映画では、美術学校でコーランの句の文字デザインを教えていた。これはこれで厳密な美学と、なかなかの修業と才能がいるものらしかった。

●よくぞ残ったアポロン像

　どうも人間の歴史には文化の消しゴムみたいに登場する民族がいて、最もすごいのが蒙古。神風が吹いてケチのつき始めにならなかったらヨーロッパ全体どうなってたか分らない。次はトルコか新大陸におけるスペインだろう。

　異教の美術品を壊すのに、イスラム教徒とキリスト教徒とどちらが熱心だったろう。キリスト教美術に対してはイスラムは同じ契約の民として寛容だったが、ギリシャ・ローマのものは残っているのが不思議に近い。

　アルジェリアは何といってもイスラムの西辺《マグレブ》だからか、ローマ遺跡は僻地に入れば驚くほど残っていて、破壊ではなく彼等が政策上引き揚げたために打ち捨てられた都市では、今でも凱旋門の下を草を積んだロバがのんびり通っていくといった状態。そんな奥地（といっても距離でなく交通機関が不便）に行かなかったのが心残りになる。

訪ねたのはアルジェ観光の一部といえるティパサだけで、それもバシールやカリマが遠足したこともあるというので、案内されるままだったのが失敗で、「たいしたもの残ってないよ」と半日過ごした場所はティパサ遺跡のごく一部のキリスト教徒の墓だけだった。調べて行くものである。

興味がないのか裸像など見るのはよくないのか、ティパサの先のローマ都市シェルシェルの考古学博物館ではカリマは車から降りもしなかった。もっとも泥棒がいるからというのも理由の一つだったが。

ここの見ものはフェイディアスの模造らしいアポロン像で、例によって鼻と男根は壊され、顔の欠け具合が何か少女マンガの主人公のように幼くしていて、ローマ風に偉丈夫な身体と似合わないのが面白いといえば面白い。

アルジェからここまでの海岸は国営の外貨獲得リゾート施設が次々と建設中で、コンプレックス（複合施設）と呼ばれて、とても手のとどかない僕はコンプレックスを感じる。

●砂漠の誘惑

以前モロッコのマラケシュへ行く砂漠の途中でベルベル人の青空市場に出合い、彼等が取り扱っている動物と同じ匂いなのに驚いたが、もっと驚いたのは人なつっこさだった。

砂漠を何日も一人だけで渡り歩くこともある人達と、オニギリのゴハン粒がくっつき合って住むような我々と人付き合いが違うのは当然で、何が違うといって、これほど違うことはない。わずらわしいということが状況的にないらしい。

人間はねっとりした存在で、空気は乾いていて気持ちいいのが砂漠だ。アルジェも東京なら異常乾燥注意報どころでない乾き方だが、ガルダイアから戻った時はムシ暑いと感じた。

●星を見て旅をする人達

アルジェのバルド国立博物館の一室にサハラのトアレグ族の人達が紹介されていて、衣装をつけた人形がある。南十字星をシンボライズした飾りをつけ、砂丘を越えて南のマリやニジェールにかけて星を頼りに旅を続ける。

トアレグ族
僕の行ったガルダイアはまだサハラの入口だ。
それに家を建ててヤシを植えたりしている人達とは
全く違う、ラクダで移動する民族がいる
トアレグは
青い人と呼ばれるサハラの星を見て旅をする人達
クロア・ド・シュッド
トアレグの人達のシンボル
南十字星か。
とてもロマンティックだ！　あこがれてしまう。
アルジェのバルド美術館に、サハラの人達の資料が集められている。

男は黒に近い紺の布をまとって青い人と呼ばれ、剽悍《ひょうかん》で古武士の威厳がある。黄色の砂との対比を想像しても、僕はこの人達の姿に狂おしいほど惹かれる。

砂漠は沙漠が本当で砂とは限らず、壮絶な岩山や石ころだらけの土地は住む人に風景への興味を失わせ人工庭園の美しさにあこがれさせる。「スター・ウォーズ」で二体のロボットが降り立ったような風紋の美しい場所はしかし誰もが美しいと思うので、これは南のタッシリ近くにならないと見られない。

タッシリの山地には先史時代の壁画があって、ラスコーのよりも遊び心に満ちていて謎めく。これも見てみたいしと、南へ南へ、サハラは誘惑しつづける。

ガルダイアでバシールと別れる時、南の石油基地の仕事に行くのをつらがってはいなかった。そこは暑くて何の娯楽もなくて、条件の悪さから給料も高いというわけなのだが、彼は「そこは、本当に静かなとこなんだあ……」と言っていたのがとても印象的だった。

メキシコ

太陽と情熱の国、メキシコ。エメラルド色の海を前に美女と果物入りカクテルをやってるとマリアッチが聞こえてくる。ヤバイ。僕はトルテカとオルメカとアステカのマヤ文明を研究しにきたんだ。それからあの色とりどりの民芸を創りだすインディオに会いに「荒野の七人」の村へ、それからメキシコ革命とリベラの絵と、それから……。

アメリカ大陸はコロンブスがおくれて発見する何万年も前に新大陸だった。アジアの北にいた民族がシベリアとアラスカをつないでいた陸橋を渡って移住したのだから。その後、氷河がベーリング海峡をつくって切り離された人達は、独自の文明を創りだす。なかでも山脈づたいに南下した人達が国家と都市を建て、高度の文明を生んだ。

飛行機がベーリング海峡の上を通らないのが残念だけど、バンクーバーから先はロッキー山脈と西部の荒野を縦断、西部劇でおなじみのテーブル形の岩山も、雨の降らないとこなのでよく見えて、流浪のアステカの民が進んでいった土地を見ながら機はメキシコシティに着く。この近代都市がかつてヴェネツィアのように湖に浮かび、沢山のピラミッドを金に輝かせていたアステカの都テノチティトランを征服者たちが埋めたてた上にあるとは！

でも、にわかに信じ難い古代都市の姿が、メキシコのひと月の旅のあと、再び飛び立つ時、眼下にチラと見えたような気がした。

メキシコでは誰もが発見者になってしまうらしい。それほど不思議の出合いがあって、その魅力のとりこになってしまうから。

バザール・サバト

起きたら土曜日だった。

HORIUCHI'S FLYING CARPET
MEXICO
★サボテンは 油であげて食べる。
市場で インディオのおばさんが 包丁でトゲを 落して売ってる。
★トウモロコシを皮つきのまま ゆでたのを売っている。 アメリカからの輸入品。 ホワイトコーン NO.2 というやつらしくて おいしくない
★メキシコは トウモロコシ輸入国なのだ。
★イチジクのような実をつけるサボテンもあって それだけで命をつないでいる種族もいるらしい。
U・S・A
マタモロス MATAMOROS
SIERRA MADRE OCCIDENTAL
SIERRA MADRE ORIENTAL
★ドロレス村の司祭 MIGUEL HIDALGO ミゲル・イダルゴが 1810年9月16日 インディオを集めて 「ドロレスの叫び」 をあげた。 メキシコ独立運動の発端となる。
★サン・ミゲルの聖フランシスコ寺院は インディオの建築家が フランスの聖堂の 1枚の絵ハガキを参考にして 建てたものと言われている。
★マゲイという名の 竜舌蘭の花茎の汁で プルケという酒ができる。 それを蒸留したのが テキーラだ
グラスのふちに 塩をぬりつける
テキーラを ライムジュースで 割ったのが
★マルガリータという 口当りのいいカクテル
★テキーラには白いのと 茶色い年代物とが ある。 又、イモ虫みたいのが入ってるのも あって これはピリッとする。虫もムシャムシャと食べてしまう。
ドロレスイダルゴ DOLOLES HIDALGO
★1867年 ケレタロで 皇帝マクシミリアンが銃殺された
タンピコ TAMPICO
エル・タヒン EL TAJIN
テキーラ TEQUILA
グアナハト GUANAJATO
サン・ミゲル・デ・アレンデ SAN MIGUEL DE ALLENDE
グアダラハラ GUADALAJARA
メキシコ第二の都会
ケレタロ QUERETARO
SAN JUAN DEL RIO
トゥーラ TULA
テオティワカン TEOTIHUACAN
中央高原
モレリア MORELIA
トルーカ TOLUCA
メキシコ市 CIUDAD DE MEXICO
クエルナバカ CUERNAVACA
プエブラ PUEBLA
タスコ TAXCO DE ALARCON
★モレーロス州に 革命児サパタが 現れた。
SIERRA MADRE DEL SUR
チルパンシンゴ CHILPANCINGO
アカプルコ ACAPULCO
あまりにも名高いリゾート地
★★★タスコの美しい寺院は 銀鉱主ホセ・ド・ボルダの 寄進したもの 「神はボルダに与え ボルダは 神に与える」だ。 その鉱脈も底をついて 晩年のボルダは 貧しくなった。
復活祭の聖週間に イエス受難を再現する 難行苦行の行列 が行なわれる。
★パラシュートをボートで ひっぱったり 新しいスポーツが 開発されてる。

メキシコシティ最初の朝、民芸品の土曜市《バザール・サバト》が立つサン・ハシント広場へ行くために飛び出して、たちまちメキシコの光と色と、笑顔と不思議の大洪水に巻き込まれてしまった。

昨夜は着いた疲れのままメキシコ料理に挑戦して、初めてこんなカライのに出合った下の娘は気持ち悪くなってしまったが、シティの朝はひんやりと涼しく元気になって皆でタクシーをつかまえる。

手をあげて空車でも止まらないのがシティオ《SITIO》で、乗場が決っている。人を乗せてても止るが行先が違うと行ってしまうのがペセロ《PESERO》でドアにルートが示してある一種のバスだから

やたらに止める方が悪い。初めてで分らないでいると流しのリブレ《LIBRE》が止った。これは屋根が白い。

どこの国でも感じいい運転手さんに出合えるかどうかで大違い。気は良くて、もの静かで可愛いチビデブおじさん、トゥリスモ《TURISMO》という公認ガイドタクシーより安い値の時間料金で、市場では買物のまけるのまで手伝ってくれた。土曜市は南のサン・アンヘル地区、中心から一〇キロでメキシコシティの広さに驚く、日が強くなってたちまち暑くなる。昼と夜の温度差の方が季節の違いより大きい。

モンマルトルみたいに画家が絵を並べてるサン・ハシント広場の一角でインディオの女《ひと》たちが地べたに座って人形を並べている。なぜか、人形の顔を自分の方に向けて売っている女もいた。オアハカの人だと運転手が教える。その地方は民族衣装の美しく独特なところで民芸の宝庫らしいが、売っていた人形は売ってた人達より面白くなかったのは残念。

露店が並び、子供のままごと道具から陶器、織物、オパールまで南国のこもれ日に鮮やかな色を躍らせている。女房は来たばかりなのに帰ってからのことを考えて軽くて可愛くて安いものを物色し、上の娘は着るものに目がいってる。何とメキシコの人達は可愛らしく創意あふれるものを作りだすのだろう。彩度の高い色の取り合わせのうまいこと！　かつての発見者たちも染めの色には驚いたらしい。サボテンの寄生虫《エンジムシ》からつくる色はヨーロッパの服装を彩り征服者の貴金属につぐ財源だった。

バザールの方は中庭にレストランがある建物の回廊で民芸よりかデザイン物で、俄然、外国人客で込んでいる。でも僕はここでオアハカ産民芸のハッとするほど写実的で素朴な、ほしかった山猫の木彫に出合った。そこにあるもの全部ほしかったがケチだからそれだけ、オアハカにも絶対行ってみたい。その山猫は、あとでほかのとまとめて紹介するつもりです。

テオティワカン　笛の音

遺跡なんか興味ない、アカプルコで肌焼くの！　って人も、メキシコへ来たのなら、シティから一時間だしピラミッド見物をぜひしましょう。百聞は一見にしかず、これでやみつきになってしまうかも、肌も焼けるしね。

一六世紀にスペイン人がアステカの都テノチティトランを初めて見た時、その壮大さと美しさに驚き「セヴィリアより美しい」と言った。セヴィリアが世界でいちばんすごいと思っていたのですね。

アステカの民はまるで日本神話みたいに「藺草《いぐさ》の中、豊葦原《とよあしはら》」に神社と都を建てよ、という神託を守って、前は湖だった今のメキシコシティの場所に水上生活をし、魚や水鳥を

つかまえて交易しながら王国を建て、正確には四代王から九三年目にスペインに滅ぼされた。

　その前はどうしてたかというと、北の方から来た流浪の民で、他の民族からは野蛮人《チチメカ》と呼ばれていた。彼等がここに紹介するテオティワカンの都市の廃墟にやってきて驚いたのが一四世紀のことで、神域だけでも一八キロ平方を持つ都市は全く打ち捨てられていて、どういう民族が建てたものか分らない。おそらく紀元前二、三世紀に現れ、紀元

後、都を建てたらしい。アメリカ大陸最古の文明オルメカの影響があるが独自の文明をつくって六世紀に繁栄し、その絶頂の七五〇年頃、突然に消えてしまった。どうやら「世界の終りが来る！」という大予言でもあって神官も住民も自殺するか、ちりぢりに逃げてしまったと考えられている。
　テオティワカンという名はだからアステカ語で神々の都という意味で、都を南北に四キロも延びる大通りは、〝死者の道〟と呼ばれた。それまで洞窟を利用し

ていた野蛮人《チチメカ》は自らも都市を創設し始めた。

〝死者の道〟を歩いていると古めかしい笛の音が聞こえてくる。観光客にスーヴーニールを売りたいインディオが吹いているのだ。断ると全然しつこくなくて、また遠くへ行ってしまう。買えばよかった……。

エジプトのピラミッドは王の墓だがこれは神殿を頂上に置くための台で発想が違う。で、新大陸には墳墓大建造物はないと言ってたのがマヤのパレンケで現れている。テオティワカンの地下神殿は古いピラミッドの上に新しいのを建てたためという。なるほど、中庭や祭壇、井戸、身体を洗うシャワー（といっても壁が人間一人立つぶんだけ凹んで上に穴があるもの）など残ってる。でも何か分ったようで分らないのがヤバイので、妙に気になりだす。

太陽のピラミッド（これも勝手にアステカ人が名づけた。彼等はマヤの異様なまでの天体観測文明を引きついだ）に登ってみて、階段の高さとか足をのせる部分の幅ひとつにしても何かオカシイ感じがする。

さらに階段が急な月のピラミッドに登ると、前の広場の中央と周りにいくつも基壇が並んで何か盛大な行事があったらしい。

そのひとつに雨乞いがあったと分るのは、入口のケツァルコアトル（雨と農耕の神）のピラミッドに装飾が残っていて、羽根のついた蛇がてっぺんから何匹も下りてくる感じになっている。蛇のほかに雨の神がいてこれは丸い目のアブストラクト彫刻トラロック神。

この両神の頭部が突き出ていて、壁面には波形や貝や魚の浮彫りがしてある。水に縁のあるものを何でも持ってくるわけで、ジャガーの神殿と呼ばれる地下には羽根のある貝が祀ってある。この遺跡を見たショックでもっと沢山見て回りたくなった。

オアハカの山猫

土曜市で人形を売っていたインディオがオアハカの女《ひと》でしたね。民芸の盛んな、メキシコの中でもいちばんメキシコらしい風俗を保っているのがオアハカ、チアパス両州の南部地方です。

僕のものになった木彫の山猫の故郷を訪ねました。

メキシコシティは排気ガスの町だったが、教会のほかは平屋か二階建位のオアハカの町は空気が美味しい。

オアハカの名はインディオ出身の大統領ベニート・ファアレスを生んだことで全国民に記憶されている。

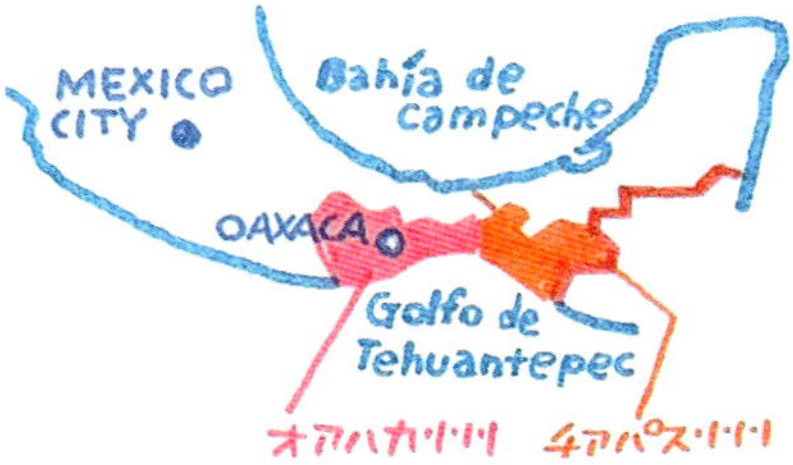

「アラモの砦」で有名な合衆国との戦争に敗れて国土の大半を失い、フランスの圧力でマクシミリアン王制にもどったメキシコを、愛国軍を率いて戦い共和制を救ったファアレスは

少年の頃、ガルシア・ビヒル通りの神父に仕えていた。その家は博物館になっている。

ファレスは幼い頃どんなおもちゃで遊んでいただろう、そう考えがいってしまうほど、メキシコは玩具の国。飛行機でも洗濯機でも、動物や果物まで、どんな貧しいインディオでも数ペソの玩具ならみんな持っている。

民芸の盛んなメキシコの中でも、オアハカ地方はウールのサラペや手編み帯の美しさで知られているが、僕は特に野生の動物を木で作った玩具に惹かれてきた。

オアハカの木の動物ほど素直な表現はない、と思う。この山猫《メキシコ・ジャガー》は自然木の形をわずかに加工した各部分を釘で組み合わせていて、しっぽなどはこういう形の枝を河原などで探して来てつけた感じ。もしかすると木を見て動物を思ったのかも知れない。

静物的でなくて瞬間的なイメージの再現で、まずシルエットに写実味があり、塗られた色彩は野生の生命力に対する感動で選ばれた原色だ。唐三彩の馬だって日本のまねき猫だって、こけしだって初原はこうした態度で生れて、量産のために形式化と洗練に流れた。立派なものにはなるけど狩人や子供の目に映った感動は薄いものになって観念的なデコラティブに落ち着く。オアハカの動物は一点制作が本筋で、玩具と工芸品の中間にあるもの、遊ぶ道具と飾るものの中間、自然のイミテーションと抽象化の中間、観察と表現がマッチの火がついたように奇蹟的に燃えあがる造形芸術のスタート線上にあるような気がする。だからオアハカの木彫は実に危なっかしい存在でこれを作った人がいなくなったらおしまい、魂が乗り移ったようにしていかないと続かない。その人はどこにいるのか。

実はオアハカでもこのテのものは殆どなく、やっと見つけたものは感じを伝えた弱々しい複製で、自信に満ちたものではなかった。古道具屋にあったものも、すぐさめてしまう塗料がみじめに日焼けしていた。今思えばそれを買って自分で塗り直してみればよかった。

オアハカのインディオ

オアハカで僕は太古のインディオたちに会った。トラコルーラのインディオ市では今日の彼等に会った。それにディエゴ・リベラの絵に会って彼等の未来に会えた気がした。

オアハカ生れのルフィーノ・タマヨは現代メキシコを代表する画家で、モダンな色彩と造形のうちにミスティックな太古の神秘を感じさせると同時にユーモラスなところもある。その彼が永年かけたこの地方の考古学的コレクションが博物館になっていると聞くと、これは期待しないわけにいかない。

モレロス通り、植民時代の館をモダンに内部を改造したタマヨ博物館は、展示品の数はそれほど多くないがことごとくが面白かった。

メキシコシティの人類学博物館では大規模な建造物に使われた威嚇的な、様式的な装飾物が多かったせいもあって、不可解な沈黙は不気味で不快だったが、ここの彫像たちは小さくて愛らしい。思ってること

Oaxaca ねこにいぢめられてる犬
Guerrero
猫はゲレロ州産

を黙っていられない子供みたいにわめいたり、むずかったり笑ったりしている。おそろしい死の神もいるが、それすらいきいきしている。学問よりも心で選ばれた民衆の作品たち。

アフリカ彫刻のショックか

Ciudad de Oaxaca

ら生れた立体派《キュービズム》は黒人の魂の懊悩にA
は関心がなかったが、タマヨをはじめメキシコの画家たちには民族の根への熱い愛があった。

　タマヨ博物館の彫像に比べるとインディオたちの方が無表情を押し通しているように見える。カメラをぶしつけに向ける旅行者に対してそうなのかも知れないし、同様に日本人だって外国人にはそう見えるだろう。ま、何も懸命になってコミュニケーションしなければならない理由もないからとインディオの日曜市をぶらつく。教会のそばの広場にあって、教会の前を通る人は帽子をちょいととってオジギをしていく。

　食堂ばかり何十軒も集まってる場所があり、味見してみる気になる。店の人よりも客の方がこちらに気付いて盛んに食べろと勧める。

顔付きが同じという親しみがあるのだろう。それはうれしいが料理の方はトウモロコシのパンを作るのにおそらく手間がかかるぶんだけ全くカンタン、肉はただ焼くだけ（もっとも薄切りにして少し乾かしてある）、客が好みでライムやチリソースを加える。考えてみると変な味付けされるよりはいいわけで、何でもショウユという文化と同じだ。昔々に別れ別れになった兄弟同士なのだ。

中央広場《ソカロ》のホテルで気付いたらさっきまで見てきたインディオの子供の頼もしい姿を実に的確にとらえた絵があって感心したら、リベラのサインがあった。彼のこうした愛すべき小品に、初めて出合った。百合の花束を負う農夫の絵は前から好きだった。お前の負ってる荷は重いがそれは清純で美しいぞという、幸せ薄い民族への思いのたけを誰でも分る表現で描いた画家、立体派もこなした画家がパリから自国に帰って描いた絵。

銀の町タスコ

銀が採れなかったら生れなかった町、そして銀が採れなくなったために一八世紀の姿をとどめた町。

インディオの苦役のうえに銀鉱王となったホセ・デ・ラ・ボルダが寄進したサンタ・プ

リスカ聖堂は天の怒りを鎮めるために美しいバラ色に輝く。

「あれがそうですよ、タスコほど美しい町はない」

クエルナバカからアカプルコへ向かう高速をそれてくねくね曲る山道を二時間、道すがらお堂があるたび十字を切って安全運転をしてきたおじさんが、まもなく暮れようとする日を受けて赤瓦の屋根を頂上までひしめかせ、白壁を紫や赤の花で染めた町を指していった。

予約した宿は町に入る前にその美しい姿を一望できる丘にあるポサダ・デ・ラ・ボルダ、入口の脇の事務所で給料をもらって帰る人達がいたから、まだ少しは操業しているらしいボルダの銀鉱の上に建っているのだった。

ピレネーのオロロン生れの一介の鉱夫が一七四三年「神の白い糞《イスタク・テオクトラ》」つまり銀の鉱脈を掘り当てた。昔は山に追放された山賊が金銀を発見したというが、がまん強いロバしか通えない山の奥にたちまち町ができ、ボルダはメキシコ市の大司教に直径一メートル半の金製で、飾りに四五八七個のダイヤと二七九四個のエメラルド、五二三個のルビーを付けた聖櫃を奉納する大金持ちになった。

征服者は先住民の持っていた金の掠奪がすむと次は

彼等を地底に追いやって採掘が始まった。
　一八世紀末までメキシコとペルーから毎年スペインに運ばれる金銀は旧大陸全体の鉱物産出量の一〇分の九以上を占める。スペイン王の世継ぎが生れた時は宮殿から洗礼盤のところまで通じている道路を銀で舗装したが、同年メキシコでは三〇万人の人間が飢えて死んだ。
　政教一致の王権の力とはたいしたもので、王は運び賃も払わないで五分の一をとり、鉱山王たちは爵位ほしさで王の権利を不当とも思わず忠実にはげむのだった。

タスコのどこからも仰ぎ見られる内部を金で飾り立てたサンタ・プリスカ聖堂もボルダの寄進で建ち、「神はボルダに与え、ボルダは神に与える」と人はいった。

聖堂と並んでいるボルダの館は逆に何の装飾もなく窓も少ない要塞のような建物だが、これも聖堂も地上で最も富んだ男と呼ばれたボルダが嫉妬深い権力者や住民に対して絶えず身の安全を考えてのこと。気が落ち着くのはクエルナバカの谷に別荘用に建てた堅固な城館の中だったらしい。世渡りが下手だったか予感通り年老いたボルダは貧しくなって、自分が以前に寄進したぼう大な宝物のうち、金の盃の一つをめぐんでほしいと大司教に願い出て断られたのも哀れだが、ボルダも大司教も世を去った後の一九世紀、メキシコ革命のどさくさに介入したナポレオン三世のフランス兵に、本寺の宝物、飾りという飾りは全部持ち去られてしまう。

銀の産出も減った鉱夫の町に残ったのは廃物の石で道を敷きつめた一八世紀のままの姿。奇妙にそれはボルダの生れたピレネー越えの巡礼路の町に似ている。観光資源はそれと、坑内での苦役よりも肉の苦痛を受けたとして示されるキリストの受難を再現する聖週間《セマナ・サンタ》の行事。町では祭りの準備が始まっていて、緑の葉をつけた枝を行列が通る道の家々の壁に立てる、それが日本の新年の竹の飾りに似て楽しげだが、これほど痛ましい祭りを見たのは初めてだった。中世は町並みだけに残ったのではない。

タスコのゴルゴダ

銀の町タスコは、町並みだけが中世を伝えているのではなかった。キリスト処刑の様子を再現する復活祭の聖週間、イエスの受けた苦痛をわが身に与えようとする人々の痛ましい行列は夜を徹して翌日になっても続く。一年を通じて祭りの町でもあるタスコ、それはインディオたちが昔からたえまなく神へ捧げものをさし出してきたことの続きなのか。

ホテルを出ると町の入口、銀鉱の廃石を敷きつめた道が中央広場《ソカロ》に通じていて、両側は中世風の石の塀、地蔵堂のようなマリア像をすぎて次の曲り角にきたら、道ばたに座ったばあさんが何かわめいている。フト見たら、足首がナタのようなもので切られて白い筋が露出し、吹き出る血が指のあいだから四条の流れになって敷石を染めている。

解剖図的な皮膚の内部が強烈な太陽にさらされているのを僕は何秒間見たのだろう！一瞬クルマが起した事故と思い誰か医者をと

あわてたが、住民の何人かも立ち止ってばあさんを見続けているのだ。肩に重いカメラのことも忘れてその場を逃げる途中、目に焼きついた老婆の足に十字架の釘がダブって、あのばあさんはイエスの受難を模倣した狂信的な行為だったに違いないと分った。

ブーゲンビリアの熱狂的なエンジの花が白い塀にたれかかり、ヨシズ張りの店が出て屋根に緑の葉をのせタコスを揚げる匂いがする。赤い西瓜や黄のパパイヤの甘美な彩り、ピンクや水色の小旗をつなげたのがひらめく下を、近在のインディオが集まってくる。観光バスで乗り込んだ海辺姿のアメリカ人も増えて、鳴り響く鐘に気付いてサンタ・プリスカ聖堂を見上げると、鐘つき男たちが鐘にひっぱられて上下する人形のよう。ソカロは陽気な期待でわき返っていた。

祭りは祭りだな、と賑やかな通りでアイスクリームをなめてたら人々がざわめいて道をあけると、ピカピカの衣装をつけた

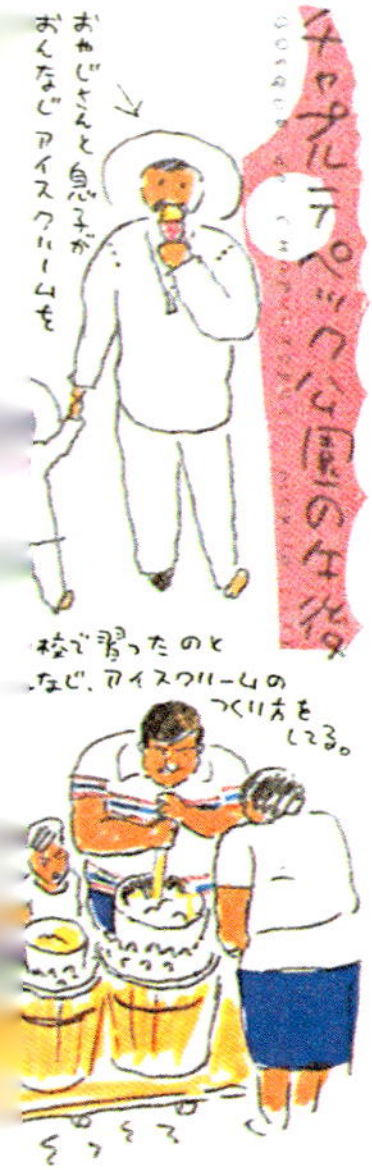

ミカン5個にバケツか、石油カンに山盛
ぐらいあれば すぐお店やさんになれる
ブタの皮を揚げたの
パパイヤを面白いカタチ
に切ったの
トウモロコシの粉の
いろんな色をした甘いクレープ

ローマ軍が行進してくる。先頭に白い服で髪を額にたらした男がオロオロ動き回り人々はそいつにさわられまいと逃げまどう。ユダだ！　と分かった時すでにおそし、クリームを持ってシャッターを押してる僕をベタベタとさわっていった。受難劇の始まりだ。次にローマ軍に会った時ユダは細長い袋をジャラジャラ鳴らして狂っていた。イエスを売った金が入っているのだ。

仮装劇の楽しさと同居して何とも痛々しい、黒い布で顔をおおいトゲだらけの木の束を両腕にしばりつけて負う男。十字架を捧げ持ち、それだけで足らずにひもの先にサボテンをつけて背中を打ちつづける苦行者の行列。

夕暮れ、近在の村からも男たちにかつがれたキリスト像に従った行列がソカロに集まってくる。普段は結婚の踊りを陽気にかなでる楽隊が同じメロディーを沈んだ音色で引き延す、それは甘く悲しい。

ソカロから出た行列はこの町の上り下りする石だらけの急坂の道を回り始める。ろうそくを捧げて従う人達も殆どがハダシで、まだ幼い子供たちもまじっている。行列が止るとたちまち眠くなってしまう子。それが夜明けまで、いや再び次の日も続くのだ。

翌日はキリスト処刑の日だ。十字架をかついだイエスと、続く二人のマリア、熱心な信仰の人達と観光客、レストランの良い席に陣取る人やトウモロコシや果物を売る人、あのゴルゴダの丘もこれと同じ情景だったろう。処刑を見逃すまいと駆けつける人たちをブリューゲルは描いた。この日のソカロはまさにあの日の再現だった。

革命児サパタ

メキシコ人は年中ソンブレロの下で昼寝してると思ってたのはアメリカ映画の悪影響らしい。

メキシコ人は働きもので、スペインの昼寝《シエスタ》の習慣はなく、お店も休まない。週の休みは日曜だけ。祝日も年に一〇日足らずだから聖週間の連休は貴重な時だ。

水面はすべての人間の心をなごませる。アステカ時代は湖の上の水の都だったのとは大違いで今のシティは河が一筋もないから、休みになると南二五キロの水郷地帯ソチミルコに人々がドッと繰り出す。

途中の道はラッシュでノロノロ運転なので、ちゃんと物売りが働いている。実にマメ。

樹の多い山の麓《ふもと》にやっと着い

弁当もってきた方がいい
食べもの売りにくる舟もあるけどヤタラに高い。
船がブツかるたびにコボれちゃう

て、呼び込まれるままに土手を下りると、日本の婦人子供雑誌の表紙みたいにケバケバと花やペンキで飾ったボートが待っていて、乗る。

ところが運河もボートラッシュだった。先がつかえて同じところを往ったり来たり。こんな時に外国人が割り込むのが悪い。

飲み物や食事を作って売る小船が寄ってくる。戦前の隅田川の屋形船か水郷めぐりといったところ、あれもけっこう金のかかる遊びだが、ここの小船の料理も安くない。ま、たまにはパーッと使って家族一同のんびりゆられてタコスなどつまむのが庶民の楽しい行楽なのだ。

うれしそうにしている人々を眺めてると、マーロン・ブランド主演の映画「革命児サパタ」にここがでてくるのがあったのを思い出した。アシエンダ（大農園主）たちに悪魔のように恐れられた農民ゲリラ隊長エミリアーノ・サパタも、船の上では村の娘のつぐ盃を受けてくつろいでいた。

サパタは維新の志士みたいに時をうかがって芸者と遊んでいたわけでなくて、ソチミルコで北の革命軍の隊長パンチョ・ビリャと会見し、二人は熱く手を結びあったのだ。二人とも貧農出、会わない前も志を共にする両者には一種の友情が通い合っていただろう。

サパタは地主の存在そのものを認めない「カランサ宣言」を主張し、どんな妥協案もはねつけてきた。革命の名を借りて成立した政府も、すべての農民が土地を自分のものにできるのでなければすべてインチキだ。まだまだ戦いは続くだろう。

それでもこの日、船にゆられてまどろんだ彼の目裏には、生れ故郷の村に平和が訪れ、遠い昔のような税金も政府もない自由な共同体である農民たちの楽しい祭りの情景が映るのだった。

一八一〇年、イダルゴ司祭が「ドロレスの叫び」をあげてのち、独立メキシコは内乱続きで、いっときの平和も落ち着いた日もなかった。国家と教会の分離、教会財産の国有化、一〇分の一税の廃止。神父の小使だったインディオ出身のフアレスは改革法《レフォルマ》をかかげて三年間の内乱に勝利し、二万八〇〇〇の軍勢と共にメキシコ市に入ったが、国庫は空《から》、兵の給料不払いのまま財政赤字をかかえ込んだ。そうした状態につけ込んでナポレオン三世はメキシコ占領を計画、三万のフランス軍と帝王神権説を信じ切ったマクシミリアンを送り込む。

やはり三年かかってファレスは皇帝軍を追い払ったが、財政はさらに悪くなって、四万の革命軍兵士はファレスをののしって反対党を結成する。

ファレスはねばり強く自由憲法を守り通し、理想達成のためには強力な中央政府の統制が必要だと考えるが実現途中で病没し、彼の意を継いだレルドをはねのけてディアスが独裁する。

ディアスはファレスが考えたことを全く反動的に暴力で行った。秩序は回復したが農民の立場はさらに悪くなった。三五年間の独裁でメキシコ市はパリのように美しく整備され、アシエンダたちにかつてない繁栄が訪れたが、農民の九九・五パーセントは土地をうばわれ、何代かけても返せない借金を、そこに住んでいるとか農具を与えたとかいう理由で負わせられ、奴隷以下の生活に追いやられた。これに反抗しない人間はいない。

ディアスと特権階級たちが独立百年祭のワインに酔っている時、モレーロス州でサパタと同志が組織したゲリラ騎兵隊がアシエンダを襲い、屋敷を焼き、農園主を次々に殺していった。その動きは風のようで、警察は手のうちようもなかった。

農民でゲリラを組織する。その知らせはたちまち全国の農民に伝わっていった。

い、い、もうろくしたディアス交代を要求して立候補したマデーロが投票前日に逮捕され、追放先のテキサスから国民に戦いを呼びかけた。一九一〇年一一月二〇日、国は二つに分れて革命が始まる。ロシア革命より数年早く。

北西メキシコで蜂起した革命軍の隊長がチワワ州のパンチョ・ビリャだ。各地のゲリラ勢力はとるに足らないが、パンチョ軍はメキシコ全体の反乱軍の六割を占める大隊で、たちまち国境地帯の町を占領して南下を始めた。サパタもクアウトラを陥落させて首都に迫った。

貧農出のパンチョは戦術など学んだことは一度もないが天才的でガムシャラで仲間と気脈が通じていた。こんな話がある。

攻撃準備がととのって皆が待ってるのにパンチョが四日も姿を見せない。やっと現れたら泥だらけで酔っぱらっていた。進軍途中で友人の結婚式に出席するため一人で飛び出し、夜も昼も踊り狂っていたのだという。

こういう男の命令はよく効《き》くのである。彼は敵の哨戒パトロールをまず急襲しておいて、何も知らずにいる本隊の前に突如として現れる。本人は後方で指揮するなんてのは性に合わないからいつも政府軍はパンチョが突進してくる姿を最初に見た。

会見の場所はサパタが自分の占領地ソチミルコを指定した。やってきたパンチョは背が高く赤ら顔で、肌の黒い、小柄でほっそりしているサパタとは対照的だった。会ったのが初めての二人は、共に行動人でしゃべるのが苦手で、お互いはにかみ合っていたが、話がカランサのことになると口に火がついた。

パンチョは最初カランサに会った時のことから話しだした。「俺は奴を抱いた、だが口をきいた瞬間に俺の血は凍りついたね。こいつは絶対に友人じゃないと分ったんだ。奴は決して俺の目を見ずに話す。訳の分らない法律だとか政令だとか説教しやがる。奴らは所詮、柔らかい床に寝て、苦しみながら一生を送る人間のいることなど知りゃしないんだ！」と叫んだ。

「そうだ、あいつらのいるうちは、進歩も、繁栄も、土地の分配も決してない！」とサパタも沈うつげに答えた。

そして、貧しい人間の生活を救えるのは我々だけだと固い協力を約し、意見の一致した二人は熱く抱き合うのだった。

輝かしい明るい日の再会を、二人は望んで別れたが、会うのはそれが最後だった。

北方の掃討戦へ出発したパンチョも、メキシコ市を占領していたサパタもカランサ派のオブレゴン軍が強大化するのを防げなかった、というよりそうした政治的野望がなかった。パンチョはむずかしい話の嫌いな潔い男だったし、サパタもサパタ軍の兵士もあくまでもモレーロス州の農民で、故郷の土での素朴な

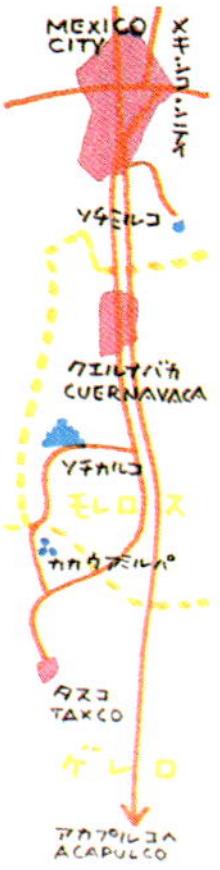

生活に惹かれていた。

二人ともオブレゴン軍と戦い、守備範囲をせばめられながら、カランサの出した賞金に目のくらんだ暗殺者の手によって命を失った。一九一九年四月一〇日、四〇歳の生涯を純粋な革命的情熱に捧げ、悲劇的に終えたサパタの死を、モレーロス州の農民と農民兵すべてが号砲と嘆きの声で悼んだ。

クエルナバカはメキシコ市を南へ一時間のモレーロス州の州都。アステカ時代から王侯貴族のリゾート地で、豪華な邸宅や美しい庭園がある。古風なカテドラルには内壁の修復中に発見された〝日本二六聖人殉教〟の壁画がさびた美しい色で見られる。

アステカの征服者コルテスが建て、四〇〇年間、総督府だった城塞のような宮殿もここにある。今は博物館になっていて、二階の眺望のいいバルコニーの壁に、ディエゴ・リベラがメキシコの苦難の歴史を描いた壁画がある。南側の脇に、ピエロ・デラ・フランチェスカの絵にでてくるような見事な白馬のたづなをとったエミリアーノ・サパタの姿が見られる。

リベラは他にもサパタを描いているが、トウモロコシ畑の根の下に彼が眠っているのとか、いつも静かな感動を伝える。

サパタは理論家でも政治家でもなかったが、彼の理想は人々の手で一七年憲法に生き続ける。

サパタの夢はスペイン人がくる以前からのインディオの農民が望んでいた世界におそらくつながっている。

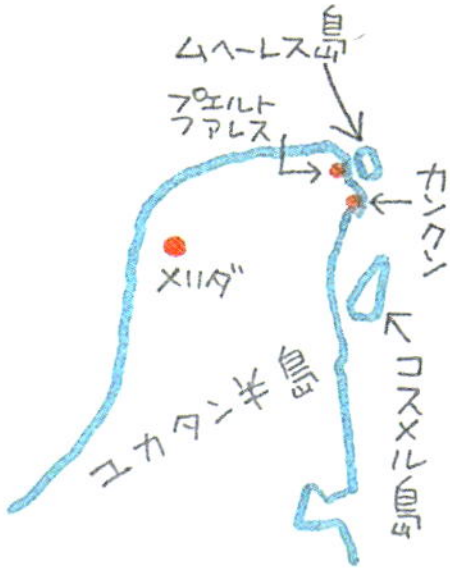

イスラ・ムヘーレス

「乙女島」というイミ。マヤの女人像が出土したからとも、海賊たちが出稼ぎに行くとき女たちをこの島に置いてってたからともいわれてる。この辺りはスペイン人が一番はじめにマヤ人と出合ったとこで、いろいろと歴史もあるが、そんなセンサクするよりも、ただた

だノンビリしてしまう。全体サンゴ礁だから浜はあくまで白く、海はほんとにエメラルド。陸から島までずっと海の底が見えてた。

チチェン・イッツァから車で二時間半、海に突き当ったとこがプエルト・ファレス波止場。沖に一条の緑の線がムヘーレス島。ちょうど出るボートに乗込む。海の底は白い砂で海草が生えてるとこだけが紺色をしてる。陸側のカンクンは今開発中のリゾートセンターで、高級ホテルが建ち並んでいるが島の方はメキシコの人達が休日を楽しむ庶民的な海水浴場。南北に細長い島で町は北にある。南の内海側がいちばん海がきれいで遊覧船がいくつも出てる。海ガメに乗って遊んだり、もぐって魚をとったり、それを浜でトンガラシをぬって焼いてる。そしてインディオが発明したハンモックで昼寝だ。

マヤ・意地の悪い神たち

飛行機の尾翼のようにカリブ海に突き出たユカタン半島には、一六世紀にスペイン人がくる六～七世紀前にひとつの文明が燃えつきていた。古代の都市はジャングルの緑の中に姿を消し、住民のマヤ族もそのいくつかを残して場所を忘れ去る。我々が昔語りを始めたのは二〇世紀を迎えてから。

オアハカの乾いた気候から緑の樹海のユカタンに降りるとムッとした暑さと湿気で一時はどうなることかと思う。そもそもマヤ文明はなぜこんなにしのぎにくい場所に繁栄したかが謎なので、昔はもう少しマシだったのだという説と、悪条件との戦いが原動力だったという説がある。

ビリャエルモサは石油が採れて発展した町で、ここから二時間ほど東のパレンケ遺跡を見るための基地。パレンケは考古学者アルベルト・ルースが地下階段を掘り当て、メキシコのピラミッドは墳墓ではないという説をくつがえす埋葬品が出たマヤ遺跡中の白眉だ。ところが噴火でタバスコ州じゅうが夜になった。

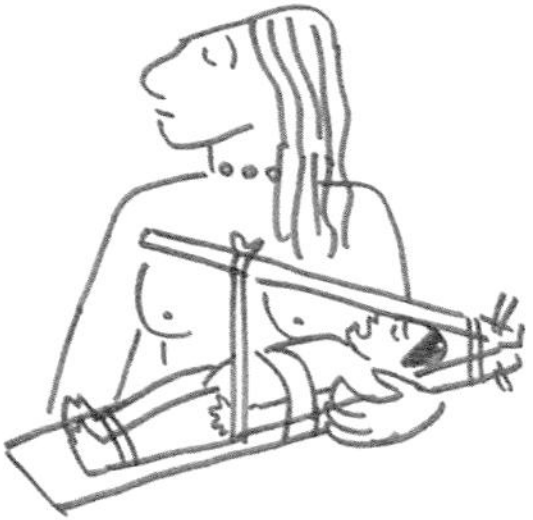

マヤ神の意地悪が始まった。翌朝、起きたら真っ暗、一〇時頃いくらなんでもおかしいと外に出たら灰が空から降っていて一面の雪景色。数日前から溶岩を噴き出していた火山が昨日の雨で灰になったのだという。火山も灰神様が怒るのですね。そのわりに住民は平気な顔でブルーのマスクが新しいファッションになっている。バスも飛行機も動けなくて結局四日間もブニュエルの「皆殺しの天使」みたいにホテルに閉じ込められた。他にフランスのお年寄りの団体がいて、「ポンペイ最後の日」の一節を引用したり、「我々のことがフランスの新聞に出とるかも知れんゾ」など言ってる。やっとバスが動き出したがパレンケ遺跡は閉鎖なのであきらめ、次の目的地メリダに向かう。

ホテルのボーイ君が高貴なるマヤ顔だった。

マヤ顔というと、主にパレンケの壁画などで鼻筋からまっすぐ頭頂まで背の高いピラミッドの斜面のようになっている横顔がおなじみ。これが古代マヤ人の美の規準で、まだ柔らかい幼児の頭を板にはさんで変形したらしい。目もロンパリなのが高貴な表情で、これもわざわざ斜視になる訓練をした。この二つを兼ね備えたのは見なかったけれど、ユカタンに来ると壁画に似た顔付きの人がとても多い。退屈で仕方なかったホテルでまだ下働きの少年もりりしいマヤ顔だったし、町でも高貴《ノーブル》なマヤ顔女性が見られて、マヤランドに入ったという感じがする。

ユカタン北部は殆ど平らで河はどっちへ流れていいか分らない。しかし河もないので、降った雨は石灰質の地面にしみ込んで地表は乾いてしまう。たえず水不足のジャングル、あまり背の高い樹でなく雑木がからみ合う、ユカタン平原は世界有数の退屈な風景だ。時折、車の前をイグアナが意外と速いスピードで草に隠れるだけの。

それでも遺跡は小高い丘にあった。だからこそピラミッドも樹におおわれて丘のひとつと見えたのだろう。登ってみると緑の絶海の孤島にいるような気分になる。

マヤの天文学は一年を三六五・二四二日と算出した。これは近代科学の計測と〇・〇〇〇二しか違わない。ユリウス暦、グレゴリオ暦より正確で、それを肉眼だけで算出して精密な農業暦を使っていた。0《ゼロ》の発見もインドよりずっと早い。

ウシュマルの建造物の対面にある装飾された長城は（小窓があるので鳩の館と呼ばれたが）、星を計る物差しではなかったかと思われている。天体運行の偉大な周期性が判明す

ると、それほどのことを行う神が旱魃で植物を枯らしたりする行為は神の不快が原因と考えたのだろう。世界のバランスを保つためにはたえず神に人間の血を捧げなければならないことになった。戦争しては捕虜を犠牲《いけにえ》にし、フットボール試合をして勝った方を犠牲にし、神官みずからが犠牲台にのぼった。神に愛されるために。

チチェン・イツァの不気味な犠牲の泉。ここの九層のピラミッドはマヤ暦の長期時計そのもので春分・秋分の日には太陽の照射角度によって北階段の側面に基壇の影が天下る蛇の姿に映り、彫られた蛇の頭と合体するという。同時に戦士の神殿では雨神チャクモールの台に心臓が置かれたかも知れない。マヤ最大の球戯場もあって太陽神に犠牲を捧げる祭事センターだが、それだけでは足りなくて、森の中の泉に住むと考えられた雨の神に人間を投げ込んだ。地下水の露出した犠牲の泉からは近年の水底調査で人骨や見事な装身具が発見された。

怪談めいた話が続きましたがパレンケ、ウシュマル、チチェン・イツァの三大遺跡はマヤの中では交通（噴火がなければの話）、宿泊設備共ととのった気軽な観光コースで、ここに限らず遺跡地帯の整備、清潔さ、たとえばインドやエジプトのような観光客にハエのように寄りたかるガイド、物売りのうるさ

さもなく（インディオの人は断ればイヤな顔もせず引き下がる）、その点、観光政策のスマートさに感心してしまう。少し前はユカタンは蛇とかダニとか人間の天敵地帯で遺跡巡りは大探検物語だった。

ウシュマル見物の基地メリダはサイザル麻で栄えた南国的情緒の明るい町で、雉や鹿料理が独特らしいが僕は庶民的値段の魚介料理店のソベラニスで美味しいタコの前菜とエビを安い値で食べた。

メリダからバスで二時間のチチェン・イツァはマヤランドを予約してあって、森の中にあって目前に遺跡の見えるプール付き、バンガローもあるリゾートホテル。ただ外国人用ホテルは食事込みでバージニア・ハムなんてのが二、三のチョイスに必ずあったりして味はアメリカ人好み（もっとも外へ出たってレストランもない）。

ドライヴ中央高原

ユカタンからメキシコシティにもどると中央高原の涼しく快適なのが分る。このあたり、植民地時代の名残と、スペインからの独立の舞台として興味のつきないところ。二泊三日

のツアーを旅行社に頼んだら、お客は僕ら家族だけだったので、ガイド氏の運転で大型車で出発した。

例によってシティのスモッグを高速道路で抜け出して一時間半、横にそれるとハゲ山地帯で頂上近くにMMの文字がペンキで塗ってあるのは大統領選。

テオティワカン滅亡後、中央高原は戦国時代に入る。そこで新しい覇者となったのが戦士の集団トルテカ族で一〇世紀末に築いたというトゥランの都は伝説に残るだけだった。

トゥーラに戦士像が発見され、この地こそ幻のトゥランであることが実証され、復元が始まった。

どこかアクロポリスを感じさせる主神殿のピラミッド、戦士の石像が柱のように建っている。勇敢に戦った戦士の魂はここから神の国にのぼっていったのだ。

犠牲《いけにえ》の心臓をのせた横に向いた石像の最初のモチーフがここにある。壁に残された彫刻も人間の心臓を食べるワシやジャガーなど殺伐なものばかり。石壁が黒ずんでいるのは火災のためで、もとは白い漆喰に彩色した輝かしいものだった。

再び高速に乗る。配水設備のゆきとどいた豊かな耕地が続く。ガイド氏はこの辺は実にいい土地だと自慢げ。壮大な水道橋をくぐってケレタロの町に入る。

オパールの産地で、ガイド氏は一応、工芸品の工場を案内した。僕たちはいいお客じゃない。でも金銀細工など小さいものは夜店の品みたいに安い値段で本物（細工したものでも金銀そのものの目方の値段と同じ）。ナポレオン三世のおしつけたマクシミリアン皇帝がここで処刑され、マネがそれを描いた絵を我々は知っている。マネもアンリ・ルソーもフランス軍に従軍していた。ルソーの絵に出てくる熱帯の風景は全くの想像でなくベラクルスへんのジャングルを見たことは確かなのだ。

この地方で最も古い植民都市、紫や赤い樹の花々で飾られた町に入る前に丘から眺めて賛嘆する。ピンク色のゴシック聖堂が見える。これは一九世紀に改修された、この町では新しい方の教会だが、インディオの建築家がたった一枚のフランスの絵ハガキを見て建てたというのが面白い。逆に独創的だ。

小ぢんまりした町は清潔で職人の家が多く工芸品を商ってる。

泊まったのはポサダ・デ・サンフランシスコで中央広場に面し、スペイン風の内庭、女主人のしつけがゆきとどいて古風で快適な宿だった。部屋の調度、配色もメキシコ的色彩が落ち着いてよく、よくみたら天井のはりなどボール紙製だったのも感心した。

広場は夜おそくまで人々で賑わい、バラ色のたそがれがいつ果てるともなく続き、騒がしくなく、ものうい感じに包まれているのだった。こうした雰囲気は少し逃避的な芸術家を惹きつけるらしく町は国際的な芸術村といった感じになっている。

共産圏の文化宮殿のようなセンターがあった。アーサー・ミラーの芝居をそこで演《や》っていた。

焼けつく谷間の町、ここに銀が産出したために栄えに栄え、立派なオペラ劇場や大学が建設された。一六世紀来の治水設備、贅をこらした邸宅と庭園が植民時代の栄華を伝えている。丘の上の銀鉱は操業は続けているものの斜陽もすぎた感じで、銀鉱王バレンシアーナが巨費を奉じて建てた、内部が金ピカの教会が鉱山にポツンと建っている。労働に沢山のインディオを必要としたこの町は、階段の多い曲りくねった路、増水期に水路になったのを利用した迷路のような地下道路。革命軍イダルゴとアジェンデの首が一〇年間さらされていたという、アロンディガ・デ・グラナディータス（今は独立戦争と民芸の博物館）。ディエゴ・リベラはここに生れた（ポシトス通り四七番地）。

博物館にもこの地方の祭りに使われるガイコツ人形が沢山あったが、ここに限らずメキシコは死を茶化すとはいわないまでもガイコツがさまざまな分野で登場する。レストランの看板にガイコツが皿を運んでいたりする。ガイコツが無知と腐敗のシンボルとして風刺されると同時に陽気な道化、善人、不屈な異議申し立て者としても活躍するのだ。

ガイコツ人形はグアナファトの代表的民芸、お菓子まである。

パンテオンというのは何かと思ってたら市営墓地で、丘の上の風通しのいいところにロッカー式にあるものだから五年でたちまちミイラになってしまう。で、無縁仏は展示されることになるらしい。墓地わきのギャラリーに老若男女三〇〇体近くのミイラが並んでミユゼオになっている。何でこんなのがあるんだろ。

人には個性があるがミイラになっても同じものはなくて、年寄りは年寄りだし、赤ちゃんはそれなりに可愛い。オモチャを持ったりしている。気持ち悪いが要するにヌケガラで、アミーバ状のインベーダーが来て水気を加えてこれを着れば人間になってしまうかも知れない。何か悟りたい人はここに通えばいい。

スペインからの独立の幕が切って落されたのはドロレス村の狂信的傾向のあった司祭ミゲル・イダルゴが一八一〇年、一群のインディオを集めて「グアダルーペの聖母万歳！[*1]悪しき政府は滅べ、ガチュピンよ死ね！[*2]」と叫んだのが始まりだった。

その地が帰路に寄ったドロレス・イダルゴの町で、イダルゴの司祭館が独立博物館になっている。

シティに近いテポツォトランに寄る。一八世紀中期に建った巨大なイエズス会修道院で祭壇の豪華さはこれでもかといった感じで、末期バロックとは結局何をしようとしてたのか分らない位だ。ただただ宗教とは権勢のあったものだと思うばかり。

それにしても別院ふうのマリア礼拝堂の天井装飾や、寄進された聖像たちは新しい宗教に従ったインディオたちの創作らしく、本国からの空しい職人芸に比べて、思わずひき込まれる素朴で潑らつとした情感があり、天使たちの姿はギリシャ、タナグラのテラコッタや天平彫刻のようなほほえみと自由自在さ、小さいけれどもモニュメンタルな造形があって、これには感動した。再びにび色にくもるシティ着。

リベラのメキシコ・ルネッサンス

とうとう、この国に別れを惜しむ時がきた。メキシコシティの国家宮殿（パラシオ・ナシオナル）にいって、リベラの絵をこの眼にしっかり焼き付けておこう。短い滞在だったが沢山の体験、整理しがたいさまざまの印象が僕にはリベラの絵に集約されていくように思う。明るさも暗さも、騒がしさも静けさも、過去も未来も。

一八八六年グアナファトに生れたディエゴ・リベラは幼時から画才を示した。神童は一〇歳でサン・カルロス美術院に入り、六年間厳格なアカデミズム教育を受ける。一九〇七年スペインに渡って勉強するがパリ画壇の動静に惹かれて翌年にはパリに移る。

モジリアニは異教の神像のようなリベラ像を二枚描いている。モンパルナスで、彼は異彩を放ったらしい。後期印象派から立体派、シュールレアリズムに至る佳作を彼は次々に描いた。第一次大戦が終って芸術家たちに一種のデカダンが見舞っていた時、レジェとリベラだけは未来に確信があった。

一九一〇年から一九一七年に至るメキシコ革命の風が一七年憲法を成立させて終ったものの、理想は現実の前で苦悩する。大統領は次々に交代した。この時、リベラはヨーロッパに訣別し一九二一年に帰国してオロスコ、シケイロスと共に画家組合を結成して壁画運動を開始する。ヨーロッパで得た絵画の教養を捨て、誰にも分る表現をとった。二〇世紀の絵画が見失っていた主題《テーマ》を復活させ、絵は出来事を語るものだということを力強く実現した。天才の労働でメキシコ・ルネッサンスが始まった。

スペイン統治時代を象徴するいかめしい建物、パラシオ・ナシオナルのまばゆい内庭回廊にリベラが一〇年間心血をそそいだ壁画がある。階段の大壁画にはアステカ王国の最後の戦いと、スペインの征服・統治。それに続く資本主義の支配に対する激しい反感と抗議、社会主義革命への賛美が文字の読めない人々にも分るように表現されている。信じられないことだがアステカの王は征服者たちを迎えて「お待ちしていました、貴方がたはご自分の国におもどりになったのです」と言った。アステカ文明の予言の不幸。それに続く目も当てられない悲惨と屈辱。メキシコの民《インディオ》がそこから立ち上がる意志と誇りの源泉をリベラは回廊の壁に描く。

それは楽しいといえる絵だ。アステカの都テノチティトランの繁栄、桃源郷のような世界。祭りや行事や、市場の賑わいや、農民の仕事やテキーラを造って酔う人達。

リベラは熱烈なあこがれに満ちて古代社会にさんさんたる光を当てた。このシリーズは民族意識の高揚と同時に、今日でも民衆の暮らしは段階的に殆ど変わっていないことを示して、先の現代史の未来への意志に呼応している。見事な構成という他ない。で、何とていねいな筆致だろう、技量を誇らず語りに語るディテールのたっぷりした面白さ、絵本だ。そしてこれほど物語にあふれた絵本は見たことがない、これほど民族、同胞、しいたげられた人々すべてへの愛情に満ちた物語を。この国で得たさまざまの印象は巨大な子供であるリベラの絵でくっきりとなり、いまだに若い民族の頼もしさを僕は知った。

＊1…村のインディオの前に現れた聖母で〝我がための教会をここに建てよ〟といった。褐色の肌をした聖母像が神の手によって描かれて奇蹟の証明としてインディオの手に残された。今も庶民の信仰を一身に集めている。
＊2…スペインの本国人のこと。

FLYING CARPET

ドイツ

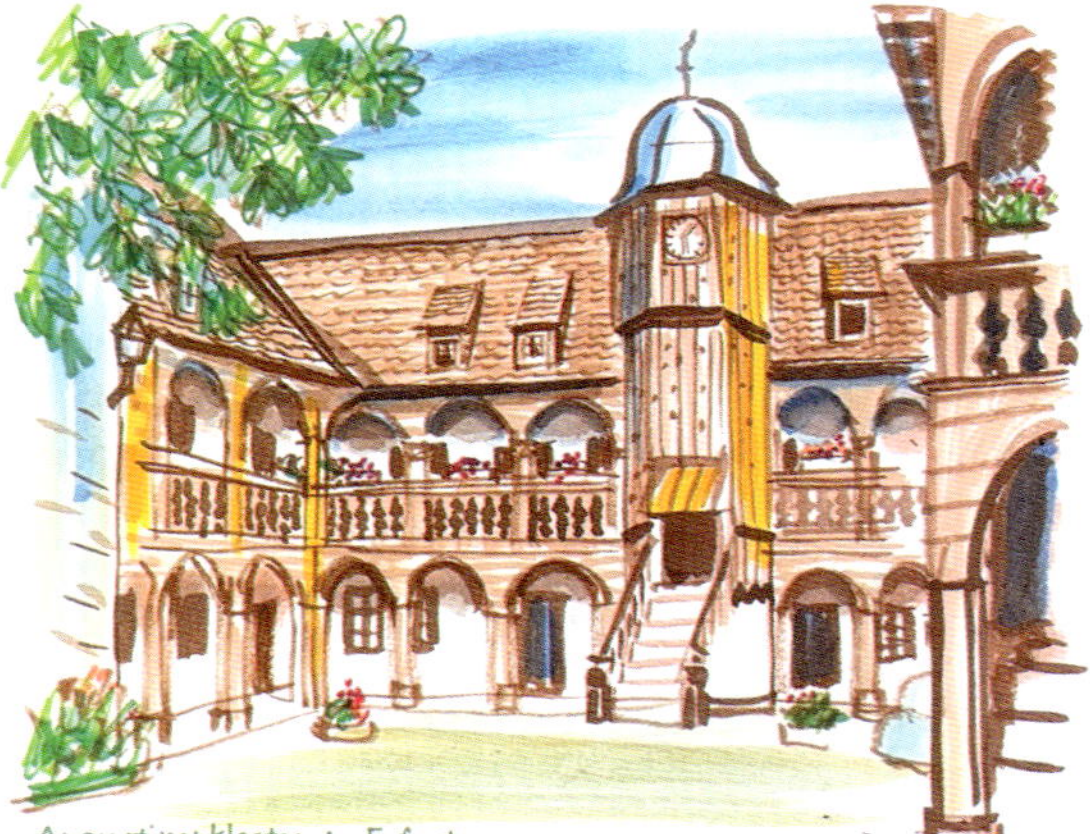
Augustinerkloster in Erfurt

ヨーロッパのふところへ　東ドイツ

「ドイツ語で話してるのを聞くだけで僕はウットリしてしまう」と絵本画家のセンダックが言ってる。ニューヨーク生れで、ディズニーで育った人だけど、子供の絵本の仕事で彼等の心の世界にふみ込んでくうちに、やはりメルヘンのとりこになって、深刻で詩的なグリム民話のさし絵を描いた。深い森から響いてくる魔法の角笛。それはそのままドイツの風土とそこで醸《かも》された文化へのオマージュになっている。「もうひとつの故郷」それが見つかるかも知れない東独。

落語のネタにもメルヘンの「死神の名付け親」が使われているほど、我々の文化にもドイツは縁深い国。

つい最近まで、西独ばかり旅行してた。それはライン河とドナウ河流域の地方でした。どこの国もそうだけど、ドイツは特にここが最もドイツ的とは決められない地方地方の特色がある。言葉は殆ど同じでも別々の国だったのですね。

実をいうとエルベ河流域のザクセンとチューリンゲンの両地方、ベルリンを中心としたプロイセンをはずしてドイツは語れないし、ヨーロッパを見るということからいっても片

手落ちになる。それほどこの地方の醸した文化の影響は深く、世界史に決定的でした。そこは東独なのです。

これまでも東独は旅行できなかったわけでなくて、西ベルリンから東ベルリン見物をするのは手続きも簡単なのです。ただ、入国の時に制服を着た人が、こちらの顔に穴があくほどギンミする。女房など、パスポートの写真よりも実物に白髪が多かったので怪しまれた。ま、そういうことも面白い体験なのですが、地方へ行くと、外国人を泊めるホテルが少なかったのです。

東ドイツは戦争の破壊がひどかったので、これまで国民の住宅の整備に力を入れてきた(それはうらやましいほど)。歴史的建築の修復や観光客用ホテルの建設はあと回しだったのが、近年、受け入れ態勢がととのったというわけです。

たとえばライプツィヒのホテルなどは日本製で、日本料理店があってドイツの娘さんがキモノを着てお酌サーヴィスという具合。天ぷらソバを食べ酔っぱらって、ふと外へ出て、ア! 外国だ、と気付くほどです。

入国もアムステルダムで東ドイツ航空《インターフルーク》に乗って直接東に入れば殆ど調べもなくて、あのいかめしい制服を着た人達も親切で実直で、すっかり親しみを感じるからフシギです。見所が地方に散らばる東独旅行はバスを含めたツアーが便利。

初めてドイツを見たのは、イタリアからパリへの帰り。友達の車に乗せてもらってアルプスを越え、バイエルンからウルムを通った時だった。ウルムを通ってほしいと頼んだのかも知れない。ウルムにはデザイン志望なら誰でも知っている、バウハウスが戦後に復活していた。どうすればいいのか分からないけど、その頃漠然とバウハウスに学びたいと思っていた。「皆、デザインやりたがるけど、そんな新しいコトなのかなあ」とパリで会ったOが言った。彼の弟もウルムに入りたがってたらしい。Oはそんなこと言ったあとカラヤンの指揮を見にいくんだとバイクでベルリンに発っていったっけ。

ドイツは夏に入った時で麦の緑がウソのように鮮やかに視界を染めていた。一日種まきの日が違うと色が違うというわけか、ブロックごとに微妙に違う。パウル・クレーに緑のトーンだけでパターンを描いてみたまえと題を出されたような気持ちで、つまり見事な抽象絵画の中を僕は走っていたのだった。

スピードの中で音楽を聞くのは快い。こういう時はジャズやシャンソンじゃなくてクラシック音楽がいい。フランスとかオーストリアの空は晴れ渡ってる時でも日本晴れのようにアッケラカンとしていなくて、どこかに雲が動いている。暑い位だったのが、たちまち暗くなってヒョウが降ってきたりする。それでまた向うの方に青空が見えてくる。モーツァルトの音楽の転調、かげったかと思うとまた必ず明るさをとりもどす自然の奇蹟。

モーツァルトは旅芸人みたいに子供の頃から、おおげさにいえば人生の半分を馬車に乗

ゲーテの「ハルツ紀行」がある ハルツ山系。
ブロッケン山には満月の夜に
女や ちみもうりょう共が集ってくるという
ワルプルギスの夜だ。
ゲーテの詩を
メンデルスゾーンも曲をつけている。
あまりレコードにならない曲だったが ポツダムのレコード屋にあったので買った。
ブロッケン山
Brocken
1142m
HARZ

って過ごした位、旅行した。肝臓で早死したのもそのせいじゃないかと思う位。でも窓から走る景色を見てるのは嫌いじゃなかったろう。今、我々のツアーのバスと並んで走ってる遠足の子たちを乗せたバスの窓にオデコを押しつけて恍惚としてる子がモーツァルトに似てたのでそう思う。

ベルリンは低地の湖沼地帯にあって周りはずっと平らな森、森の中をひたすら南へ向かって走り、エルベ河に出てやっと丘のような山が見えてきた。

東ドイツにも西との境にハルツ山系があってブロッケン山の怪なんてのが起る。ロープが切れて三人の男が谷底に消えた直後、三つの大きな十字架の影が谷からあがってくる話で、子供の頃とてもこわかった。山頂に立った人の影が雲に映って十字架のように見え、日が沈むに従ってそれが昇ってくるのだが、その山の高さも一一四〇メートルだからたいしたことはなくて東ドイツは一帯になだらかな丘が起伏する地形で、町が谷間にかくれている。あとは麦畑と牧場。

けっこう雨も多くて肌寒かったりするパリからヴォージュの山を越えてライン河に出ると乾いた空気と照りつける日差しに驚くが、内陸的気候がここから始まるので、東ドイツだと夏はもう絶対的に夏という感じになってくる。短命だったヘルダーリンの詩の「願わくばいまひとつの夏を、全能のものたちよ、そして実りのための秋を」という夏がどんなに激しい生命感をいっていたのかが分る。

どうも水彩というのはドイツの夏を描くのにふさわしくないな、セガンティーニの油絵の鉱石のモザイクのような光が必要だ。

バロックの都　ドレスデン

「かつて百塔の町と呼ばれた美しい町、つくるのに七〇〇年かかったのに爆撃で壊れるのに七時間とかからなかった……」とケストナーが書いた痛切な詩は、ドイツの殆どの町に当てはまる。

それでも特にドレスデンは、一八世紀バロック様式で統一された壮麗な宮殿都市として、河にのぞんだ美しい姿を〝エルベ河のフィレンツェ〟と讃えられていただけに、それが一夜にしてドイツのヒロシマと言われる姿になったのは痛ましい。

ベルリンへ
マイセン
アルブレヒト城と
大聖堂。
エルベ河岸の
ブドー畑では
軽やかで香り高い
マイセン白ワインが出来る。
マイセン
Meissen
マイセン焼きで名高い。
ヨーロッパでは初めての
白色磁器工場が
1710年に出来て、
れ以来
伝統を守り続け
すべて一品制作。
びっくりする程高いが
日本にもどんどん売れて制作が
追い付かないくらい。
マイセンに来たからって、買えないのです。
ドレスデンはザクセン王
アウグスト大王の建てた
バロックスタイルの都。
どうやら、ロシアのピョートル大帝は
ペテルブルグをつくるのに、この都を
真似たらしい。
でも→
最後
作ったという
アウグスト大王
の像は
ピョートル大帝
の青銅騎士像に
似ている。
ドレスデン
DRESDEN
まだ戦火の跡なまなましい感じ
だが、王宮や宮殿のシルエットが
エルベ河に映って、ロマンティックだ。
エルベ
Freiburg
カール・マルクス・シュタット
Karl-Marx Stadt
工業都市らしい近代的アパート群。
昔のChemnitzで今
人口は東ドイツ第3位に発展。
ドレスデンを始め、このあたりの町は
第二次大戦でクロンジメよが破壊された。
どうも好きになれない
ドイツ・バロック様式のツヴィンガー宮。
立派なことは立派で、絵や陶器の
美術館になっている。
「巨匠たちのギャラリー」のコレクションは
一見の価値充分にある。
有名なのはラファエロの「システィーナのマドンナ」
ジョルジョーネの「眠れるヴィーナス」
Schwarzenberg
ドイツのフォービスム
キルヒナーたちの
「ブリュッケ」は
ドレスデンで結成。

昔の美術館で見た絵が焼けて今は存在しないと知るのは、残念を通りこして終末的な恐怖だが、幸いなことに、ドレスデンの芸術品は急いで地中に隠されて、からくも焼失を免れた。東ドイツの旅でまず訪れたい町がここなのも、宮殿都市の残骸なりとも確かめたいのと、絵を見たかったからだ。

ベルリンからのバスは日暮れてエルベ河にかかった。向う岸にいくつかの塔のある建物のシルエットが廃墟のように見えた。巨人の忘れたチェス駒のようでもある……。ところがバスは現代的な労働者アパートの並んだ地区に入り、そのひと棟がホテルだった。

助かった巨匠たちの絵が見られる画廊《ギャラリー》のあるツヴィンガー宮殿は立派に修復されている。建物に囲まれた内庭の一隅で、バロック時代のコメディーの練習風景など見ているとフト現代を忘れてしまうほどだが、往時を伝える建物はここととカトリック宮廷教会。居城の一部が修復されたが、バロックの傑作だった教会フラウエン・キルへなどは未だにレンガの山のまま。

河岸の地区からホテルのある中央駅まで、つまり旧市街の部分は、中世以来の少年合唱団で知られた聖十字架教会と市庁舎の塔を残すだけで古い建物の一切がない。巨大な空地に公園と、機能的なアパートが立ち並んでいて、一切がゴミひとつない清潔さだ。

半ば廃墟で、硝煙の臭いもしそうな歴史的建造物とのあいだに時代のつなぎがなくてするどいコントラストをつくっている。奇妙な、そして東ドイツの状況をベルリン以上に象徴的に示しているのがドレスデンの町だった。

ファウスト博士の呑み屋　ライプツィヒ

フランスだかイギリスだかのユーモア雑誌に卒業式の記念写真に一人の学生に丸印をして、この人はゲーテの「ファウスト」を読んだと書いてあった。誰でも知ってるようでいて読破した人間は意外と少ないらしい。

ファウスト博士の名とその性格《タイプ》がドン・キホーテやドン・ファンと並んで世に知られているのはゲーテの戯曲のおかげだが、ドイツでは以前から親しまれている伝説の山師的人物で、悪魔と結託して欲望を満たそうとし、契約が切れて地獄におちるファウストの人形芝居まであって、ゲーテも子供の頃、親しんだ。

それに実在の記録もあって、ゲオルク・ファウストなる人物が一四八〇年頃ビュルテンベルクに生れ、一五三六～三九年の間にシュタウフェンで死んでいて、大学に在籍記録もあり、錬金術を学んだ科学知識で愚民を惑わして歩いた。人々はてっきり悪魔に魂を売ったひきかえで魔法が使えると思っていた。

ファウスト物語の最初の出版は無名の人によるフランクフルト一五八七年刊で、大好評で各国語にも訳された。そして次々に新しいものが書かれるうち、山師は科学の力によって世界のすべてを見極めようとする巨人的人物に成長し、最後に悪魔が彼の魂をさらっていこうとする時、天使が現れて〝救われるファウスト〟となる作品までつくられるようになった。ファウスト的性格であるゲーテは従来のものを総合した天才的なパロディーを完成したのだった。で、それに彼の生涯の恋愛体験をいかしたグレートヒェンの悲劇が加えられたわけである。

ゲーテの戯曲では、世の中のすべてを知りたいとメフィストフェレスの手をかりたファウスト博士が最初に連れていかれる酒場がライプツィヒのアウアーバッハスケラーで、それですっかり有名になったから、もうここはファウスト博士が実際に通ってたような話になってしまっている。実はライプツィヒ大学の学生だったゲーテが常連だったので、血気盛んな若いゲーテはよく騒いでケンカをしたりしたら

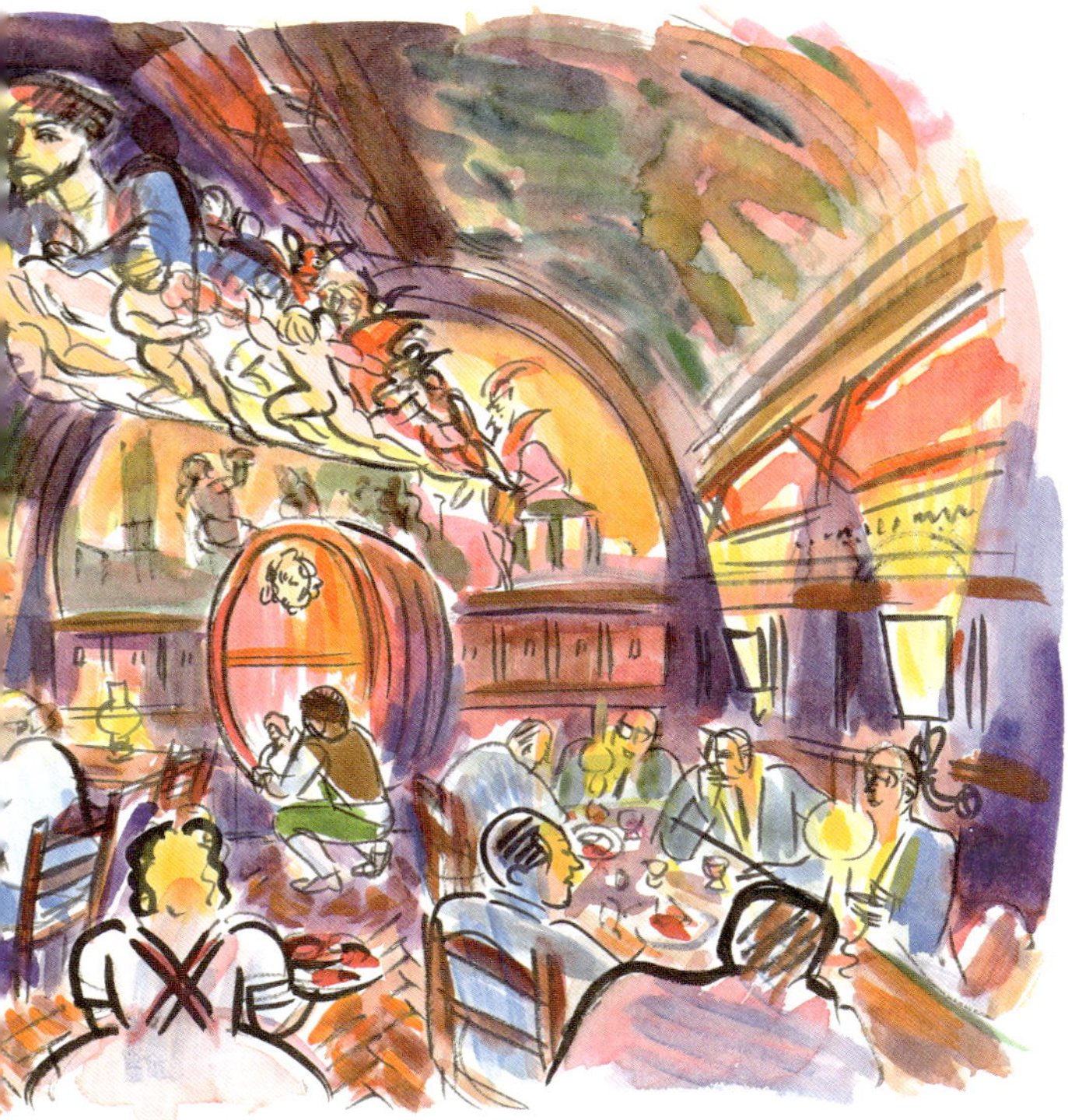

しい。勿論、キスも。
同じ大学に学んだから森鷗外も通ったに違いない。大学からも近い市庁舎の並びの本屋街ビルの地下で、ブドウ酒の地下蔵造り、壁画や木彫の飾りも何から何までファウストずくめで、威勢のいいネエちゃんふうがマメに動き回ってるのも学生酒場ふうだが、ビアホールより少し格が上のワインケラーで、ワインに合う生チーズなど食べさせるものが美味しい。
部屋の写真を撮りたい

ので、前から来て盛んに議論していた三人の初老のお客に断ると、この御三方はライプツィヒとウィーンとオックスフォードの大学教授様でした。

よくドレスデンを京都に、商都ライプツィヒを大阪にたとえるが、確かに東ドイツ第二の都市で国際見本市が盛ん。その一つに図書見本市があって、ライプツィヒは岩波文庫が手本にしたレクラム社や楽譜のペータース社をはじめ、戦前はドイツの出版物の半分を発行していた文化都市だ。

そしてまた音楽の町。バッハが生涯の後半を宗教音楽にささげた聖トーマス教会の合唱団や、市民交響楽団としては最古のゲバントハウス（織物会館《ゲバントハウス》の出資にはじまる）。メンデルスゾーンはここの指揮者だったし、彼の努力でライプツィヒ音楽院も創立されて友達のシューマンとピアノ教授をつとめた。

シューマンが一杯やりに通ってたのはロマンチックな粉飾のかけらもない市民的雰囲気の「コーヒーの木《カフェーバウム》」。カフェ兼酒場兼食堂で、賑やかな人通りも眺められるし、奥に引っこめば落ち着けて、今もいい匂いのする定食が安い。一日中いても便利な巣だ。シューベ

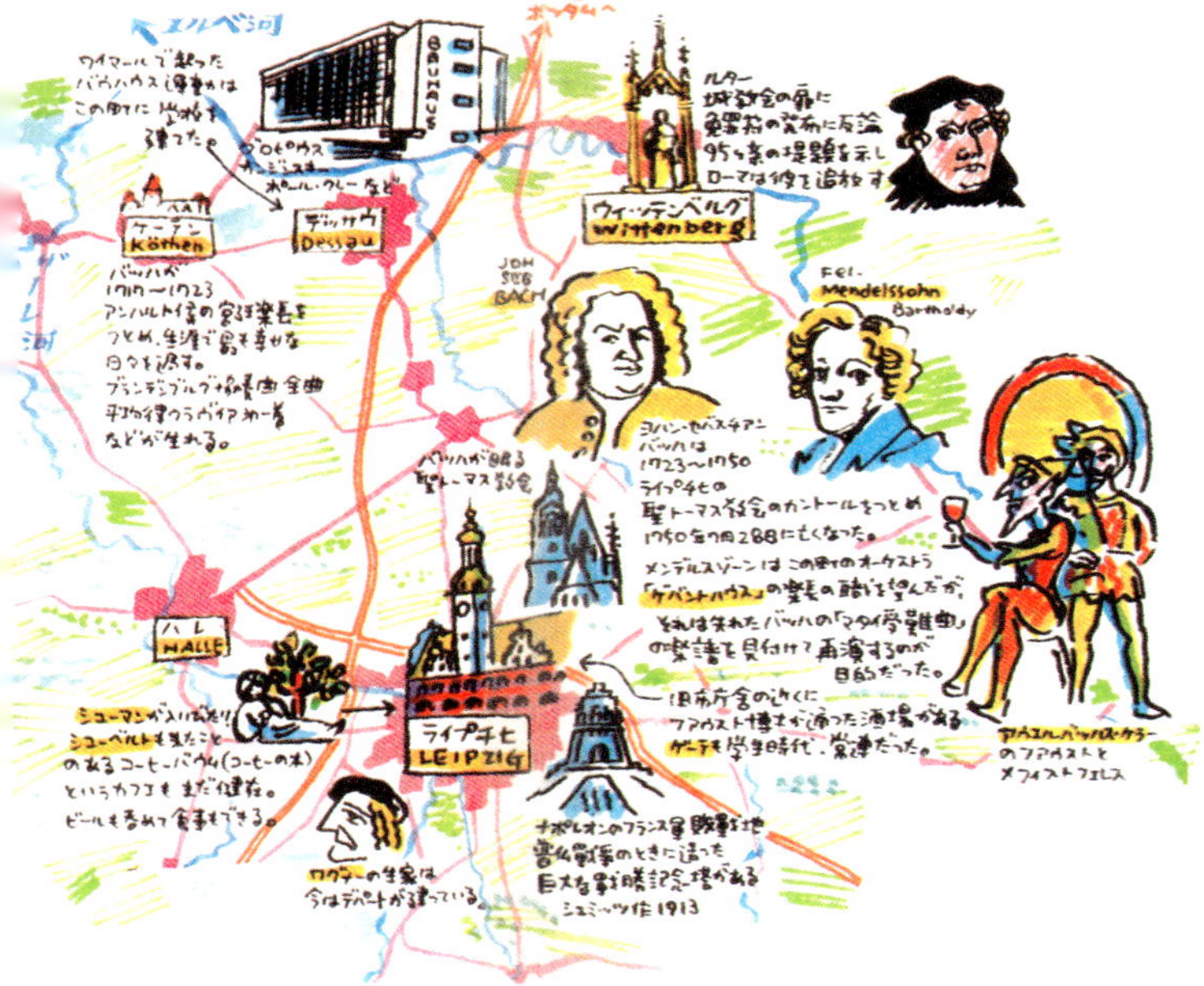
エルベ河
ポツダムへ
ワイマールで起ったバウハウス運動はこの町に学校を建てた
グロピウス
カンジンスキー
ポール・クレー など
BAUHAUS
ケーテン
Köthen
デッサウ
Dessau
バッハが
1717—1723
アンハルト侯の宮廷楽長をつとめ、生涯で最も幸せな日々を過す。
ブランデンブルグ協奏曲全曲
平均律クラヴィア曲一巻
などが生まれる。
ウィッテンベルグ
Wittenberg
ルター
城教会の扉に
免罪符の発布に反論
95ヶ条の提題を示し
ローマは彼を追放す
JOH SEB BACH
Fel. Mendelssohn Bartholdy
ヨハン・セバスチアン・バッハは
1723〜1750
ライプチヒの
聖トーマス教会のカントールをつとめ
1750年7月28日に亡くなった。
バッハが眠る聖トーマス教会
メンデルスゾーンはこの町のオーケストラ
「ゲバントハウス」の楽長の職を望んだが、
それは失われたバッハの「マタイ受難曲」
の楽譜を見付けて再演するのが
目的だった。
旧市庁舎の近くに
ファウスト博士が通った酒場がある
ゲーテも学生時代、常連だった。
アウエルバッハス・ケラー
のファウストと
メフィストフェレス
ハレ
HALLE
シューマンが入りびたり
シューベルトも来たことのあるコーヒーバウム(コーヒーの木)
というカフェもまだ健在。
ビールも含めて食事もできる。
ライプチヒ
LEIPZIG
ワグナーの生家は
今はデパートが建っている。
ナポレオンのフランス軍敗戦地
諸国戦争のときに造った
巨大な戦勝記念塔がある
シュミッツ作 1913

ルトもこの町にきた時、通ってたらしい。二人を身近に感じる。

テューリンゲンの花の都　エアフルト

山のあなたの空遠く、幸い住むと人の言う……という気分で、たとえば腕一本の渡り職人が町から町へマシな仕事といい女を探して歩いた、中世。その舞台はテューリンゲンが絵になる。山といってもなだらかで、ころよい距離に町が栄えて、湿度が低くて気候がいい、その中心の都エアフルト。

エアフルトはドイツで最も古くから開けた町のひとつで、森に囲まれた盆地にあって交通の要衝、一二世紀に盛んに建てられた聖堂、旅人たちは「尖塔の町」と呼んだ。

ヨーロッパの町は今は淋しすぎる。中世はそんなはずなかった。城門をくぐればまず馬具屋、鍛冶が威勢よく真っ赤に焼けた蹄鉄を打っている。狭い通りは荷を積んだ馬や人でごった返し、軒々にさまざまの職の仕事ぶりが見られた。そんなとこを通って教えられなくても着くのが町の要《かなめ》のゲラ川にかかったクレーマー橋。

商人橋《あきんどばし》というとおり、橋といっても両側にびっしり家が並んだ仲見世通りで、川からも運ばれてきた荷がここで取引きされるから大変な騒ぎ、ことに青の染料になるタイセイという植物の市が立つのがエアフルトの名物だった。

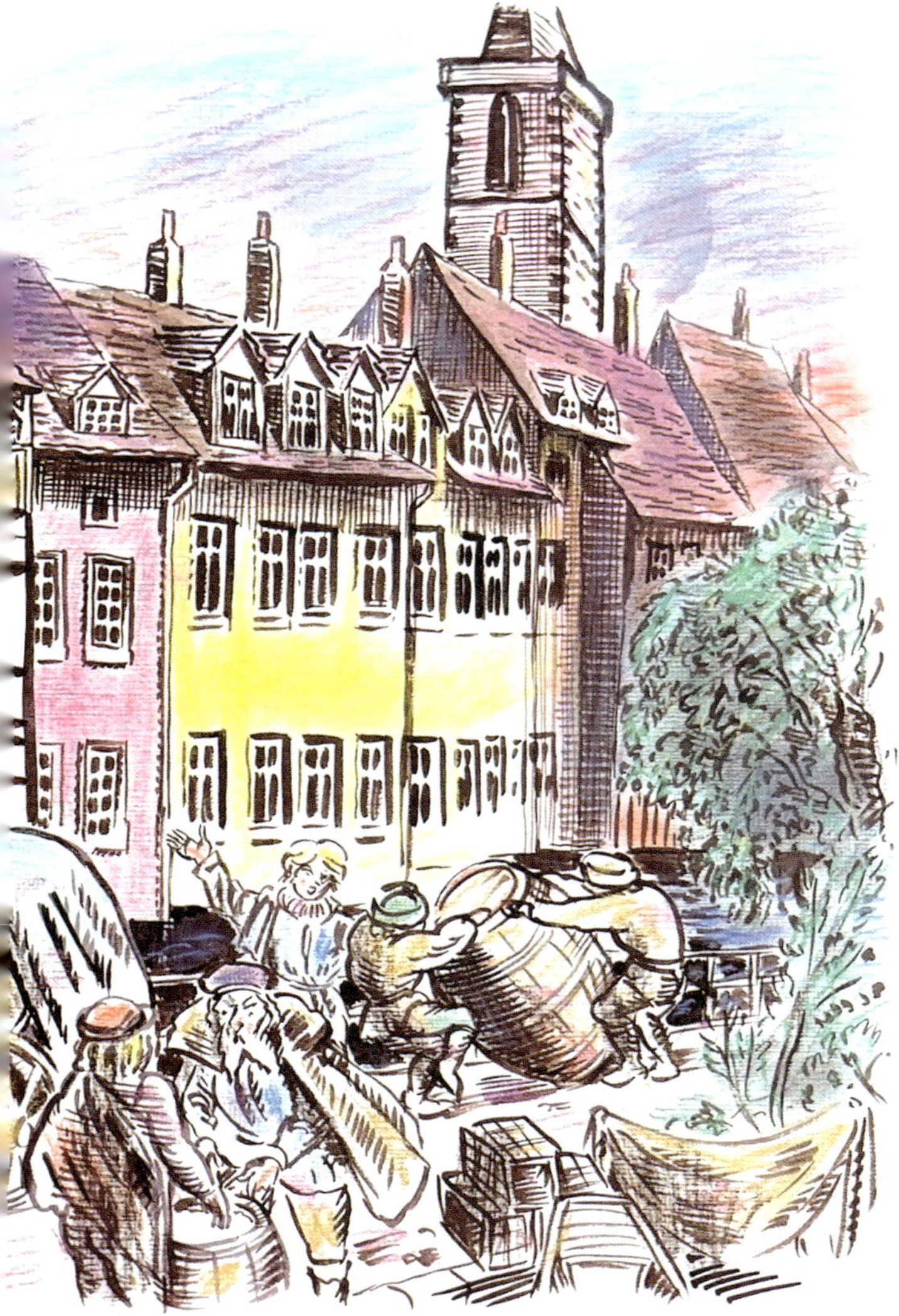

大青《タイセイ》というからには中国渡りの品で、これで染める青は今は人民服だが、中世ヨーロッパでは高貴な色として珍重された。この町の立派な建物はタイセイ商人が建てたものである。植物で稼ぐ伝統は今も続いて、国際園芸市が開かれ、五〇カ国に種子や株を輸出している。近くにある温泉の水を利用した栽培法。

花の都と呼ばれるゆえんで、染め物で栄えたというのもフイレンツェ（花の都）に似ている。

やはり大戦で破壊を受けたが、ひどい町に比べると昔の建物はまだ残ってる方で、体制上、機能を失った小商店や職人町の人気《ひとけ》のないのがむしろうらめしい。

仏《フランス》、中、伊《イタリア》、西《スペイン》に並んで独《ドイツ》料理も美味しい。生れつきソーセージと酢漬けキャベツ《ザワー・クラウト》とジャガイモが好きだから文句はなくて、コクのあるビールが付く、おまけにキュウリモミが我が国とそっくり。

ワインのとれる地方とか大都会だとフランス料理もどきのものが出てくるが、田舎でドイツ家庭料理を食べるのがいちばんいい。

それはコースで食べるのでなくてスープ（カブとキャベツとベーコンのだった）のあとはバイキング風に別の机に並んでいるカナッペや腸詰類、キャベツやポテトのサラダ、チーズなどを木の受け皿に好きなだけとってきて、シュナップス（焼酎）とビールをかわりばんこに飲むのだ。きっと太る。

気付いたのは鹿肉のローストを食べたりしたけど、牛、鶏肉は珍しくて殆ど豚。パンも朝食以外は必ずしも付いてなくてデンプン質はひたすらジャガイモだ。ドイツ人はジャガイモに対して、イタリア人はトマトに対してインディオに感謝しなくてはならないだろう。新大陸産のをなくしたら、ドイツ料理でもイタリア料理でもなくなってしまうのが多いから。

ジャガイモはゆでたり焼いたりの他、デンプン質をくずのようにしぼり出して団子《ダンプリング》にしたり、ギョーザ形にしたりしてソースで食べる（デンプンの造り方は小学校の時におそわった）。大きいとヤレヤレと思うが、小さな玉をフライにしたのはとても美味しい。そうそう、木の実をふんだんに使ったお菓子もこの地方の楽

しみ。

中世歌合戦の舞台　アイゼナッハのヴァルトブルク城

テューリンゲンの森を西に分け入ると丘に古城を望むアイゼナッハの町がある。ここに生れたバッハも幼時に眺めた中世の城は名高いヴァルトブルク城で、一二世紀から一四世紀にかけて、愛のバラードを歌って歩くドイツの吟遊詩人ミンネゼンガーたちが腕を競う歌合戦が開かれた。

中世の恋愛歌というのは、今日のラブソングとは大違いで、ひとりの女性に愛を捧げるのが殉教に近いようなのが建て前の騎士たちに聞かせるのだから、悲壮な調子のもので、歌い手たちはサクラを連れて参加し、歌が始まるが早いか大声で泣いて効果を出したという。気に入られればほうびにありつけるが不興を買うと命も危ない商売でもあった。

中世ではヴィーナスは誘惑する魔女で、伝説の

名歌手タンホイザーはいい男だったので彼女の岩屋に引きこまれ、愛欲に溺れた夜を過ごした。谷間でへたばっていた彼を騎士たちが城に連れ戻し、折しも始まっていた歌合戦に参加させる。愛の崇高さをたたえる歌が何曲も披露され、皆が感動していたところへタンホイザーが魔女ヴェヌスの美色と愛欲を賛美したからたまらない。騎士たちが騒ぎ出して命も危うくなった。

その時、彼を愛してい

たエリザベート姫が皆をとりなして、彼は罪ほろぼしにローマへの巡礼に旅立つ。ローマで教皇に汝の杖《つえ》に緑の葉が生じない限り罪は消えぬと言われ、疲れ果てた身を引きずってやっと城の近くにたどり着くが、彼のために祈りつづけ、待ちくたびれた姫は死んで、その葬列が城から出てくるところだった。彼は姫の棺にとりすがるようにして息絶える。すると見よ、彼の杖に緑の葉が生じていた。エリザベートの献身が彼の罪を浄化したのだった……。というのがこの城の伝えと古来ドイツのバラードをちりばめたワーグナーの歌劇の筋である。

実在の聖女エリザベートは一三世紀の城主ルードヴィヒがハンガリーから迎えた妃で、夫が聖戦にたおれた後、病気の人々の看護につくすなど信仰あつい善行の人だった。城の「王妃の間」のモザイクは美しく修復され、歌合戦が行われた「歌手の間」には、ワーグナー劇のシーンの壁画があり、聖女の一代記を描いたギャラリーがある。

そうした義俠の伝統があるから、ローマに追放され、さらに身の引渡しを要求されていたルターは、ザクセン選帝侯の保護のもとにヴァルトブルク城にかくれて、それまでラテン語を学んだ神学生しか読めないし、内容は聖職者しか解釈してはならない新約聖書をドイツ語に翻訳することができた。

その部屋は城の北翼の上階にあって深い谷を見下ろす。国内、国外から巡礼のように訪れる人達でいっぱいだった。

ルターは少年時代、父の転地と共にアイゼナッハの学校に通ったので、町にルターハウスが残っている。ルターとその父母の肖像をクラナッハが描いている。親父の面がまえは地霊が地上に出てきたようで、そのはず、坑夫もしていたきっすいの農民だった。この町には親族の財産相続の関係で移ってきたらしい。かなり大きな家で裕福だったようだ。

エアフルト大学に進んだルターは快活な青年として生活し修士の学位を受けるが、周りを見渡して、学問が真理のためでなく名誉欲や金のためなのに我慢できない性分で、ある時、雷雨にうたれて修道院に入ると口走った。修道僧になるという息子に父親はがっかりすると同時に怒ったが止めさせられなかった。

ルターは修道士から司祭へと位を進むが、内面的苦悩に満ちた求道の日々で、修道士としてあらゆる難行苦行を重ねても人間本来の邪悪はいっこう静まらないのを感じた。ここまではシッダルタ（釈迦）とおんなじだ。そして人間は自らの罪を自分で除くことはできず、神にいっさいをゆだねるしかないという《信仰のみ》の考えに達した。

その頃、ローマ教皇レオ一〇世が聖ピエトロ寺院の大拡張のために免罪符の発布をドイツでフッガー家にまかせて行った。罪は金であがなえるとする天国の切売りにルターが反対しないわけはない。ヴィッテンベルクの教会の扉に九五カ条の提題を発表して、罪の許しは神の意志以外にはないと反論したのが宗教改革の始まりになった。

聖書のドイツ語訳は信仰の手続きが聖職者の領分だったのが個々のものとなり、いろいろなことが起き、農民戦争は悲惨な三〇年戦争に発展してドイツはずたずたになり、その尾は近世にも及ぶことになるが、それはさておき、もうすぐルター四百年祭で、東ドイツ各地のルターゆかりの建物の修復が急がれている。

アイゼナッハは二人のいた時期は短いにもかかわらずルターとバッハの町で、観光客が絶えないのは、気持ちよく乾燥した夏の空気が清涼で、森の多い保養地だからだ。山の手の方に初期の飛行機の博物館があった。活発な気風の伝統が続いているらしい。

J・S・バッハとメンデルスゾーン

インドでは農作物がよく育つように畑に音楽を流しているという。植物の喜ぶ曲はどんなのか知らないが、インド音楽は確かに聞いているうちに榕樹《ようじゅ》にでもなってしまいそう。人間も音楽を聞いてた方が、脳の活動にいい。耳は心臓の音を聞かないが、脳に血はリズミックに送られてくる。人は音楽の中に生きている。テープを流しっぱなしで勉強するのは正解なわけ。単旋律だと音を追ってしまうから、ポリフォニックなバロック音楽の方がよくて、早めのテンポで生気に満ちたのがいい。バッハの曲が脳の両半球を使った創造活動にいちばんと科学的に証明されている。

バッハの音楽に心地よさとくつろぎ、疲れをいやす静けさ、悩みを聞いてくれたような慰め、澄んだ気分、力と勇気、生きる喜びを感じない人はいない。その秩序、宇宙のような豊かさを知った時、バッハほど偉大な人はいないと思う。あらゆる芸術を通じてこれほどの成果はないと。

作曲家ロラン・マニュエルはフランス放送の音楽史講座でバッハの音楽を「日々のパン」にたとえ、いまさら誉めるのは、余計な、気まずい感じがすると言い、対談者のピアニスト、ナディア・タグリーヌも「両親が好きかって聞かれた子みたいに困ってしまう」と応えてい

た。

J・S・バッハはルイ一四世によってナントの勅令が廃止されてプロテスタントたちがドイツに亡命を始める一六八五年に、宗教改革者ルターゆかりのアイゼナッハに生れた。

バッハ一族は一六世紀末の音楽を職とする者の多い家系で、父は町のヴァイオリン弾き、母はエアフルトの毛皮商の娘で、ふたりには八人の子があった。J・Sは末っ子で、幼い時から音楽好き、情熱的な勉強家だった。ルターが学んだのと同じ神学校で聖歌隊員をしたが、音楽の専門教育を受けたことはなく、どこでもいつでも学ぶ式の少年だった。

九歳の時母が死に、一年たたずして父もあとを追う。J・Sはオールドルフでオルガニストの地位にいた長兄に引き取られ官立学校に入れられた。夜が音楽の時だった。月光のもとで兄の楽譜を写し（当時は親族同士でも職を争うから、教えてなんかくれなかった）、作曲を始める。

J・Sは一五歳で自活を志す。三〇〇キロ離れたリューネブルクのミハエリス教会の少年合唱団に入って稼ぐ、ここのブラウンシュヴァイク・リューネブルク公のもとにはフランスから亡命してきたクラヴシニストたちがいて、リュリーやクープランなどのフランス音楽と少年は早く接触できた。新しもの好き熱中少年は評判のオルガニスト、ラインケンの演奏を聞きたかったりすると、途方もない距離のハンブルクまで歩いて出かけていった。

ベートーヴェンが歩きながら作曲したのは有名だ。興奮すると大声をあげて牧場に突っ込んだりしたので、牛の乳の出が悪くなると文句が出た。J・Sはその名の通り小川《バッハ》が機嫌よく流れるような調子で、足早に歩きながら作曲したことだろう。

オルガニストの職を得た後でもリューベックまで演奏を聞きに四〇〇キロの道を歩き出し、三カ月も教会を無断欠勤したのでクビになりかける。ブクステフーデというオルガニストの名前もバッハが歩いたことで後世に残る。

一八歳、ワイマール公の宮廷にヴァイオリニストとして召される。その年、婚約する。いいことが重なって、新しく建ったアルンシュタットの教会オルガニストの地位を得た。

宗教改革は聖書を普及し、それを讃え、信仰を表現する教会音楽が盛んになりオルガンが備えつけられ、オルガニストは音楽における司祭長だ。J・Sはたまりにたまった自作を好きなだけ演奏できる。信者たちは演奏技術に感心すると同時に曲に驚いた。長老会は奇妙な和音を弾いたとか、曲が長すぎるなど文句を出した。J・Sは極端に短いのを演奏して今度は短すぎると叱られた。

自信があふれているから気も強い。合奏で下手な者に容赦なかった。牡山羊のような音だとののしられたファゴット奏者と取っ組み合いになり楽聖がひっくり返されたこともある。三カ月無断欠勤事件もアルンシュタットでのことで、未婚の娘を神聖な教会の演奏壇に引き込んだことを非難されたり（婚約者のマリア・バルバラだろうということになっている）、あれやこれやで自ら職をやめ、またワイマール公のもとにもどり、宮廷を風靡していたイタリア音楽、ヴィヴァルディの協奏曲を編曲したりしたが宮廷生活が務まるわけがなく、一七一七年一一月六日、J・Sは留置所に入れられた。理由は「力ずくで辞職願いを出させるため」で、その後一二月二日釈放される。

注文より自分の楽しみで作曲する機会が訪れたのは音楽好きの領主レオポルト侯が彼を

JOH. SEB. BACH
山間いの小さな町
アイゼナッハは
大バッハを生んだ。
ドミニコ修道会の
ラテン語学校に通い
少年聖歌隊員
でした。
BACHとは小川の
こと、小川家の
建物がバッハ
記念館になっている
大バッハはここに10才まで
住んでいた。
Eschwege
Wartha
アイゼナッハ
EISENACH
ゴータ
Gotha
1642 学校改革
最初の義務教育。
エルフルト
ERFURT
11世紀に建てられ
クレメル橋は
橋の両側に中
家が並んでいる。
ナポレオン
ゲーテと会う
「ここに人間がいた」
モン・プレジール
人形コレクション
は世界的に有名。
チューリンゲン
アルンシュタット
Arnstadt
ワルトブルク城
Wartburg
この城の歴史は
1080年にまで
さかのぼれる
中世 吟遊詩人・歌手たちの
集まり競うところだった。
歌合戦に勝てば ほうびが
ちょうだいできるが、負けたら
命もあぶない真剣なものだった。
ここの「歌手の間」のありさまを
ワーグナーは「タンホイザー」に再現する。
近くにワッハセンブルグ城
ミュールブルグ城
グライヒェン城 の3つの城が
緑深い森のなかに
眠っている。
Bad
Blanken
burg
アルンシュタットの
今日、バッハ教会と呼ばれているのは
バッハが初めてオルガン奏者として
最初の結婚も郊外のドルンハイ
マルティン・ルターは ローマの厳しい目から逃れて
この城の一室で 1522年 新約聖書のドイツ語訳を完成する。
ゾンネベルク
昔から玩具
として知られ
Sonneberg
Coburg
西ドイツ

ケーテンに招いた時で、初めの妻を失ったが優れた歌手のアンナ・マグダレーナと再婚し、生涯で最も幸せな六年間となる。「クラヴィーア小曲集」は妻のために書かれたし、妻も譜の清書を手伝った。器楽曲の大部分、「ブランデンブルク協奏曲」の一群が生れた。その生活に終止符が打たれたのは、J・Sがアムーサと渾名《あだな》をつけた美神《ムーサ》とは全く正反対のケチな女性と侯が再婚したからだった。

失業したバッハは倹約家《しまりや》になる。子供が多いから無理もない（生涯に二〇人の子）。今年は気候が良すぎて葬式が少ないと嘆いた、結婚式や葬式の音楽を書くのが副収入だったから。

ライプツィヒの聖トーマス教会のオルガニストの席が空いたのでJ・Sは立候補する。テレマンの方が有力候補にみえたが、合唱長が子供たちにラテン語も教えられる人間がいいということで神学校で教養をつんだバッハに決まる。

バッハはその後、フリードリッヒ大王の招きでプロシア宮廷に滞在したほかは終生ライプツィヒを離れず、職務を忠実に務め、無数の宗教音楽を作り演奏する。晩年は視力を失い、「汝が王座に進まん」という題のコラールを口述したあと、一七五〇年七月二八日、六五歳の生を閉じた。腕一本で一家を支え、職務に倒れた良き職人の一生のように。

その音楽はどんな新しいことを始めたかで評価する近代の芸術観とは違って、バッハは先駆者ではなく、七～八世紀にわたって複雑な中世の理論のもとに発展してきた多声法を人間の頭脳の限界を超えたところまで完成させ、更にフランス宮廷音楽の雅とイタリア単声様式の官能性を吸収して、バロック音楽のすべてを総合した。天才は謙遜して言う「私のように勉強すれば、誰だって私のしたこと位はできる」と。

バッハはドイツから一歩も出ず、同時代のヘンデル（四週間前に生れる）がイタリア留学をし、最も安定したパトロンであるイギリスで名声を晩年までほしいままにしたのに較べて、国内でも忘れられた。彼の曲は世間から古臭く思われ、メロディックな単旋律の作品が分りやすいと喜ばれる時代になっていた。息子たちの名の方がヨーロッパ中に知られ、〝ロンドンのバッハ〟と呼ばれるクリスチャンはヘンデルの人気を受け継ぐ。

バッハの楽譜は一度きりの演奏でどこかにしまい込まれ忘れられた。毎日曜日と祭日のためのカンタータが五年分、五曲の受難曲《パッション》、数曲のミサ、数曲のオラトリオ、数えきれないオルガンとクラヴサンの器楽曲、プレリュードとフーガ、幻想曲《ファンタジー》、序曲、協奏曲、トッカータ、パッサカリア、組曲、パルティータ、ソナタ、……それらはバッハの死んだ時、刊行されていなかった！

バッハの伝記に波瀾万丈の物語はなく、その人柄も肖像画も正確なものは伝わっていない。ただ彼の音楽だけがある。音楽の伝記の劇的《ドラマチック》な部分はのちの時代に始まる。

バッハの死後八四年の一八三四年、ユダヤ系銀行の御曹司で、プロテスタントに改宗して牧師の娘と結婚したフェリックス・メンデルスゾーンがライプツィヒのゲヴァントハウス管弦楽団の指揮者に就任した。

今でこそこの楽団は市民楽団の先駆として、またウィーンやベルリンと並ぶ最高の名声を誇っているが、彼が就任した頃は、音楽家の社会的地位も低く、団員はロクに勉強しない寄せ集めだった。育ちのいい彼もツイ金切り声をあげて腕のない楽員を怒鳴りつけて、何度もスコアを破り捨ててやめようと思った。

それでも病弱の身をがんばって、楽員の生活保障制度をととのえたりと面倒を果しながら楽団の質を高めていった。ベルリンで作曲家として、教養ある社交人として安逸に暮らせる人生を捨ててライプツィヒに留まっているのにはひとつの目的があった。それはこの町のどこかにうずもれたバッハの楽譜を探し出すことだった。

フェリックスは九歳でピアノ公開演奏会を親の七光もあったが開いた。でも本当の音楽の天才だった。家でかかえているカルテット二組、一六歳の時に変ホ長調の曲を書き、あの素敵な八重奏曲は姉のファニーに一七歳の時に贈った。一八三〇年スコットランドに旅行して絵も上手な彼しか書けない描写音楽、たとえようなくロマンチックな「フィンガルの洞窟」を絵葉書を出すように姉に送って「全部書き込んだつもりだけど、魚油とタラの匂いが足りないネ」と付け加える。ワイマールではラテン語や自然科学や文学の教養ある少年音楽家はゲーテのお眼鏡にかなう。七〇歳のゲーテがポーランドの女流ピアニストをフンメル以上と誉めるのを「ピアノは下手くそだけど顔がきれいだからだろ」とマセたことを言ったりした。

青春時代の彼は肌にぴったりしたクリーム色のズボンに茶のブーツをはき、グレーの上衣を着た乗馬姿が美しかった。水泳も得意のスポーツマンで、チェスやビリヤードも玄人はだし……幸福な。愛においても彼は王者のごとく豊かだ、改宗してまで一緒になった妻を愛し、家族を愛し、シューマンやショパンと心からの友情を深めた。

その彼も、しのびよる早すぎる死を予感しなければならなかった。人はこのもう一人のモーツァルトを、深い音楽を生むには幸せすぎたと非難するが、憂愁を帯びた「ホ短調ヴァイオリン協奏曲」のアンダンテに深味が足りないなんてことはない。すべてを主にゆだねようとする祈り、それはバッハの近くにいる。

バッハの作品が刊行され再び日の目を見たのは一八五〇年代、ロマンチシズムの時代に技法ではクラシックの厳格さを持っていたメンデルスゾーンの努力が受け継がれたのだった。

ロートレックの伝記「赤い風車」を書いたピエール・ラ・ミュールの小説「メンデルスゾーン」では、ライプツィヒの下町の肉屋で、肉を包んでくれた紙が手書きの譜なのにハッとしたメンデルスゾーンがもしや？　と思って見ると彼には見まがうことなきバッハの筆跡だった！　肉屋の亭主にこれと同じのがあるかと息せききって聞くと、屋根裏にジャマな紙がワンサとあって片付けようと思ってたとこだという。それが音楽の最高峰のひとつであり、バッハの深い祈りが力強く吐露された幻の大作「マタイ受難曲」の総譜であった。

メンデルスゾーンは曲の復活公演の練習を始めるが、さまざまの障害が起る。当時は宗教上の論議でマタイ伝を受難曲に用いなかったし、指揮者が改宗したユダヤ人であることを非難する人たちもいた。小説ではマグダレーナ役の歌手の殉教的な死が人々の気持ちを動かして上演が成功する。

できすぎた筋書《フィクション》きの通俗性はさておき、彼が実現に短い生の最後の力をふりしぼって疲労しただろうことは分った。「マタイ受難曲」は一八二九年にベルリンで復活上演され、メンデルスゾーンは一八四七年に三八歳で幸福だった生を終える。

ライプツィヒ音楽院を設立したのもメンデルスゾーンだった。そこで彼はシューマンと共にピアノを教えた。彼の像がここに建てられたがナチスの時代にユダヤ系の理由で取り壊され、今はない。それにバッハの住んだ家も、ワーグナーの生れた家も第二次大戦の空襲で消えてしまった。

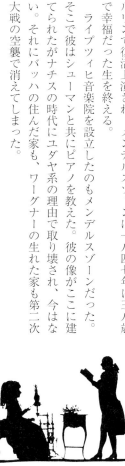

ゲーテのワイマール

ゲーテはドイツでほとんど神さま扱い。ワイマールは彼が二〇代後半に公国に迎えられ、大詩人、自然科学者、宰相として八三歳で亡くなるまで活動の中心だったから、なおさら。

町の中心、市場《マルクト》広場、象の浮彫りがあるエレファントホテルは、ゲーテを訪問にきた人がまず泊まった宿で、今もゲーテ詣での客で空き部屋はなかった。

そもそも彼がワイマールに迎えられた時、育ちのいい娘で、「若いウェルテル…」とそのモデル関係を知らない者はいなかった（今もそうだろうけど）。

若いゲーテは一〇年間、公国のためにルネッサンスの天才がした以上に産業、

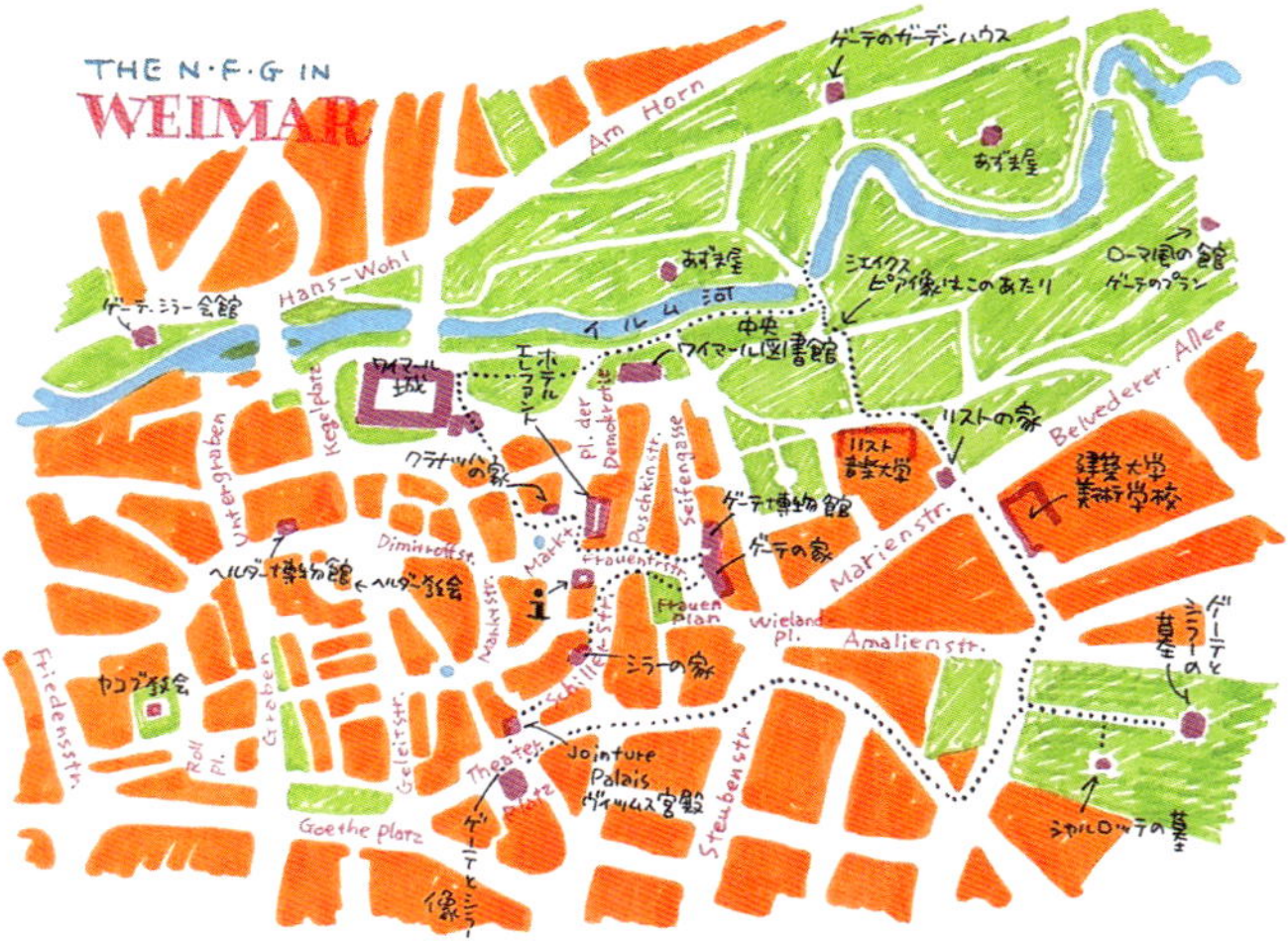

土木、財政、軍事の百般にわたって懸命に奉仕した。鉱山開発の仕事で鉱物・地質学など自然科学全般にわたる関心も始まる。本来の人間の心の科学の関心はシュタイン夫人との恋愛に現れる。

第一次イタリア旅行でゲーテは詩人として再生し、帰国後は繁忙な政務から解放され、宮廷人、世界的名士としてもてはやされつつ精力的に文学・演劇活動をシラーと共に進める。

造花女工を妻にして息子が生れる。

ヨーロッパ中はナポレオン戦争で騒がしく、テューリンゲン

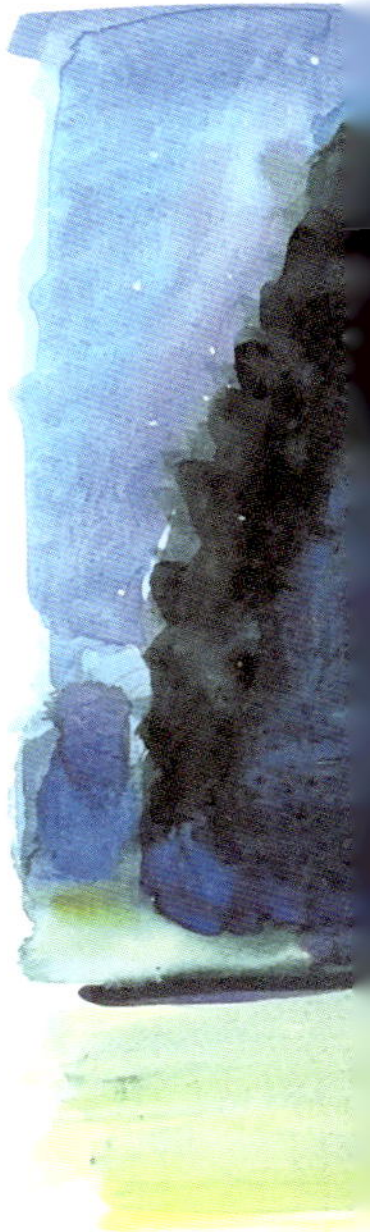

はナポレオン軍と反革命軍の通り道だった。彼は反革命軍に従軍もしたがエアフルトのナポレオンに招かれて謁見もした。

シラーの死（一八〇五年）からナポレオンの失脚、列強帝国主義に対してロマン派のハイネらの革命運動が始まるまでがゲーテの晩年で、彼は世界文学を提唱し、あらゆるものを超越してワイマールに君臨していた。

ゲーテのどんな取っつきにくい作品でも恋愛が描いてあれば素晴らしい。青春は青春に冷たく、青春の本当の価値は老年にこそ与えられる、という持論だったから、晩年には有名な三つの恋愛体験と、それぞれから「親和力」「西東詩集」「マリエンバートの悲歌」が生れた。

八〇歳を過ぎたゲーテの変わらぬ恋人はシャルロッテ（フォン・シュタイン夫人）だった。

彼は好んで宮廷庭園の奥深くにある館に住んでいた。ここには自分のアイデアで造らせたイタリア風の館やあずま屋が点在する。創造主の世界みたいなものだった。庭園に面した城館にシャルロッテがいて、ひとりの時は窓辺にろうそくを立てた。それがゲーテへの合図だった。

ゲーテの家は町のフラウエントーア通りにあり、床に記されたSALVE《ようこそ》の文字に迎えられて、彼の美術や鉱石のコレクション、メンデルスゾーンが来て弾いたピアノ、息をひきとった寝室を見物できる。博物館も見でがある。

ワイマールは、近代デザインのバウハウス理論発祥の建築大学まで、見るべきものが沢山あるが、実は半日の駆け足。読者の方に悪いけれど、僕も心残りでした。ごめんね。

東ドイツ・スーヴニール

射的の景品に毛の生えたような陶器だけれどこういうものに、かつて西洋を感じていたっけというノスタルジィで求めた。

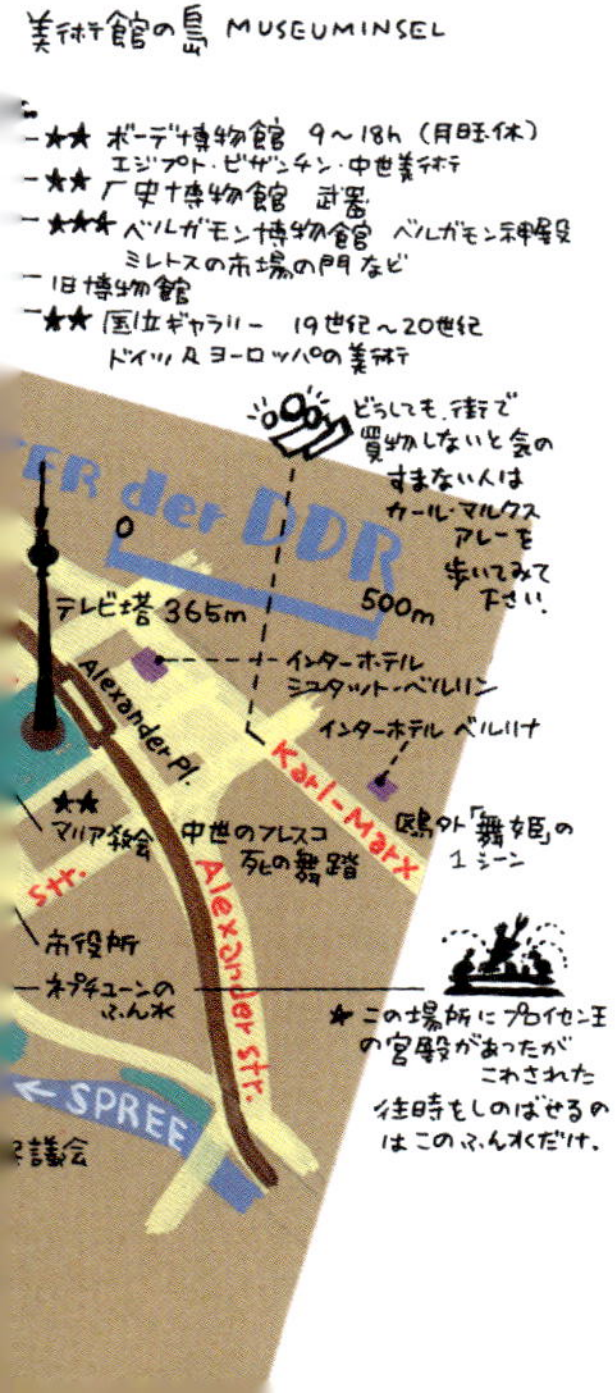

美術館の島 MUSEUMINSEL
―★★ ボーデ博物館 9～18h（月日休）
エジプト・ビザンチン・中世美術
―★★ 歴史博物館 武器
―★★★ ペルガモン博物館 ペルガモン神殿
ミレトスの市場の門など
―旧博物館
―★★ 国立ギャラリー 19世紀～20世紀
ドイツ及ヨーロッパの美術
どうしても、街で買物しないと気のすまない人はカール・マルクス アレーを歩いてみて下さい。
der DDR
500m
テレビ塔 365m
インターホテル シュタット・ベルリン
インターホテル ベルリナ
Alexander Pl.
Karl-Marx
鷗外「舞姫」の1シーン
★★ マリア教会
中世のフレスコ 死の舞踏
Str.
Alexander Str.
市役所
ネプチューンのふん水
★この場所にプロイセン王の宮殿があったがこわされた 往時をしのばせるのはこのふん水だけ。
SPREE
議会

戦争で家がこわれればこういうものもこわれてしまうのです。貴重。

東ベルリンはこれで三回目だけど、いつも東西の壁があるというのが僕の頭から去らない。つまり国境の町だ。国境の町というと僕なんか、ノモンハンや満州里《マンチューリ》を思い出すな。行ったことないけど。

フリードリッヒ通りが国境すれすれに南北に走ってるが、ここは以前ベルリン一の目抜きで劇場、キャバレーが軒を連ねた

不夜城だったはず。ブランデンブルク門のあるウンター・デン・リンデンに交差している。

鷗外が普仏戦に勝った直後のこの通りの情景を鮮やかな銅版画のように書いた。勝ったのはドイツだが早速パリのモードが流行り始めた様子を。

芝居好きの鷗外の住んだアパートは劇場街のそばで、勤めの方の病院にも便利なマリエン街。ベルリンが東西に分れてなければ、美術館にも近いし、僕も住むならこの辺にしたい。

どうしても僕は実際には知らない昔の面影ばかり追いたがる。

トリアーはベルリン生れじゃないかも知れないが僕は勝手にそう決めてる。ケストナーの児童文学を読んだ人なら「ふたりのロッテ」や「少年探偵団」「飛ぶ教室」の愉快なさし絵を楽しんだハズ。その画家で、いくつものベルリンの雑誌の表紙やイラストを書き、芝居が好きで役者の似顔絵がうまかった。トリアーはユーモリストというより楽天的なヒューマニストで、おそらくグロッスのような人の方が真実を描いたのだろうが、第二次大戦前の一時期、ベルリンに都会の愉しみと創造的な素敵な世界があったのがよく分る。

ブレヒト劇やラインハルトのミュージカル、そしてウーファの映画、ルビッチもビリ

ー・ワイルダーもベルリンで腕をみがいたのだった。

倉庫街のようなとこを歩いてると「三文オペラ」の泥棒のアジトがありそうだし、横道から背中にMの字をつけたピーター・ローレが現れそうだったりするが、実はそうした場所は少ないので、大部分は広い空間を持った健康的な現代建築のアパートが並んでるのが今のベルリン。正直いってここでは美術館の他はほっつき歩いてても面白くない。なのにいつも時間が足りなくて、ペルガモン博物館しか見てない。それも、どうしてか階上のギリシャ美術の部屋はいつも扉がしまっていて、たとえばゲーテの家にも、ポツダムのサンスーシーにも模造のあった「歌う少年」像などまだお目にかかれない（もしかするとボーデ博物館の方にあるのかも知れない）。

ベルリン、ポツダムについては以前《パリからの旅》の連載で紹介したことが一度あるから、くり返しになる。この辺で東ドイツの旅を総括してみよう。

東欧圏は外国人（西側の）は外国人用のホテルに泊まるのが原則です。前はそれをよく知らなかったからハンガリーやルーマニアを車でどんどん奥へ行って、どうしてこうホテルが込んでるんだろ？　と不思議だった。泊めてくれないのでお百姓の家に泊めてもらったりした。こういうのはヤミ営業で実は法律にふれるのです。

ドイツ人はキチンとしてる国民だから旅行者はインターホテルに泊まらされ、ヤミ営業はない。ツアーなら、あらかじめ全部予約してあるが、自由に動きたい時は次のホテルをそのホテルから予約をとってもらえばいい。

たとえばベルリンの新しくできたメトロポールホテルはサウナ、プールなどの設備まであって二人部屋一万六〇〇〇円位。バス、トイレ、ミニバー（冷蔵庫に飲み物が揃ってる）、TV、冷暖房完備。

つまり高級ホテルばかりだが日本や西欧の同じ設備のに比べると半分以下の料金だ。ゲストルームや会議室、台所まで付いたスイートでも七万円位なんだから、団体の場合、一つはこれを含めて皆で集まるのもいい。

実はご招待旅行だったのでツイ気が大きくなってしまったが、本当はプールも日本料理店もいらないから、もっと安いトコの方がいいんだけどしようがない。

インターホテルからは西側のホテルの予約もできるし、西側のお金で買物できる店もついてる。東ドイツの金《マルク》はここでは使えないんだけれど、煙草にしろ何にしろ西の金の方が万事安く買えるのだから、何か悪いみたいというか……。ドウナッテイルのでしょうね。

ソ連でもそうだったけれど、美術館とか名所の入場にはどこも国内の人で込んでて行列でも観光客は優先で（ソ連ではパスポートを見せればすぐ入れてくれた）、東独もツアーグループは先に入れてもらえる。行列をしてる人達に「ダンケ」とか「ドーモ・ドーモ」とか声をかけるようにしましょう。

ツアーに付いてくれるガイドさんは実に一生けんめいで、朝は皆より早く起きて用意をしたりしてるし、大変な商売です。感謝しましょう。僕たちについてくれたガイド嬢はアンドレアさんでライプツィヒ美人だった。

イタリア　ふたたび

＊サン・ロレンツオのジュリアンデメディチの碑 ミケランジェロ

ダヴィデ

古代ローマの母子像

ミケランジェロ「ピエタ」

FIUME
VIA DE' PECORI
PIAZZA DELLA REPUB-BLICA
VIA PORTA ROSSA
PIAZZA DELLA SIGNORIA
VIA DE' PANZANI

太陽とレモンの島　シチリア

空とぶ絨毯は地中海が好き。またイタリアへ来てしまいました。それも、長靴半島のつま先、レッジオ・ディ・カラブリア空港。碧い海峡の向うは地中海の王女とうたわれた麗しのシチリア。

食事時の迫るのがオソロシイという位まずい国もあるらしいけど、先週の東ドイツはジャガイモがうまくて、ソーセージも好きだから困りはしませんでしたが、スパゲティがもうすぐ口に入ると思うと何だか逃げてきたような気になります。

イタリア料理もナポリから南へ下るほどパスタ中心になるのでデンプン育ちには楽しみです。

シチリア風スパゲティはソースの代りにナスの揚げたのに水牛のチーズをからませた具をのせるとか、興味シンシン。

半島側の空港からバスで桟橋へ、エンジンかけて待っていたボートで二〇分。あっという間にシチリアのメッシーナに着きます。

メッシーナは古い町ですが、空襲でこわれて何も残っていない、ここの目的は食べ物で

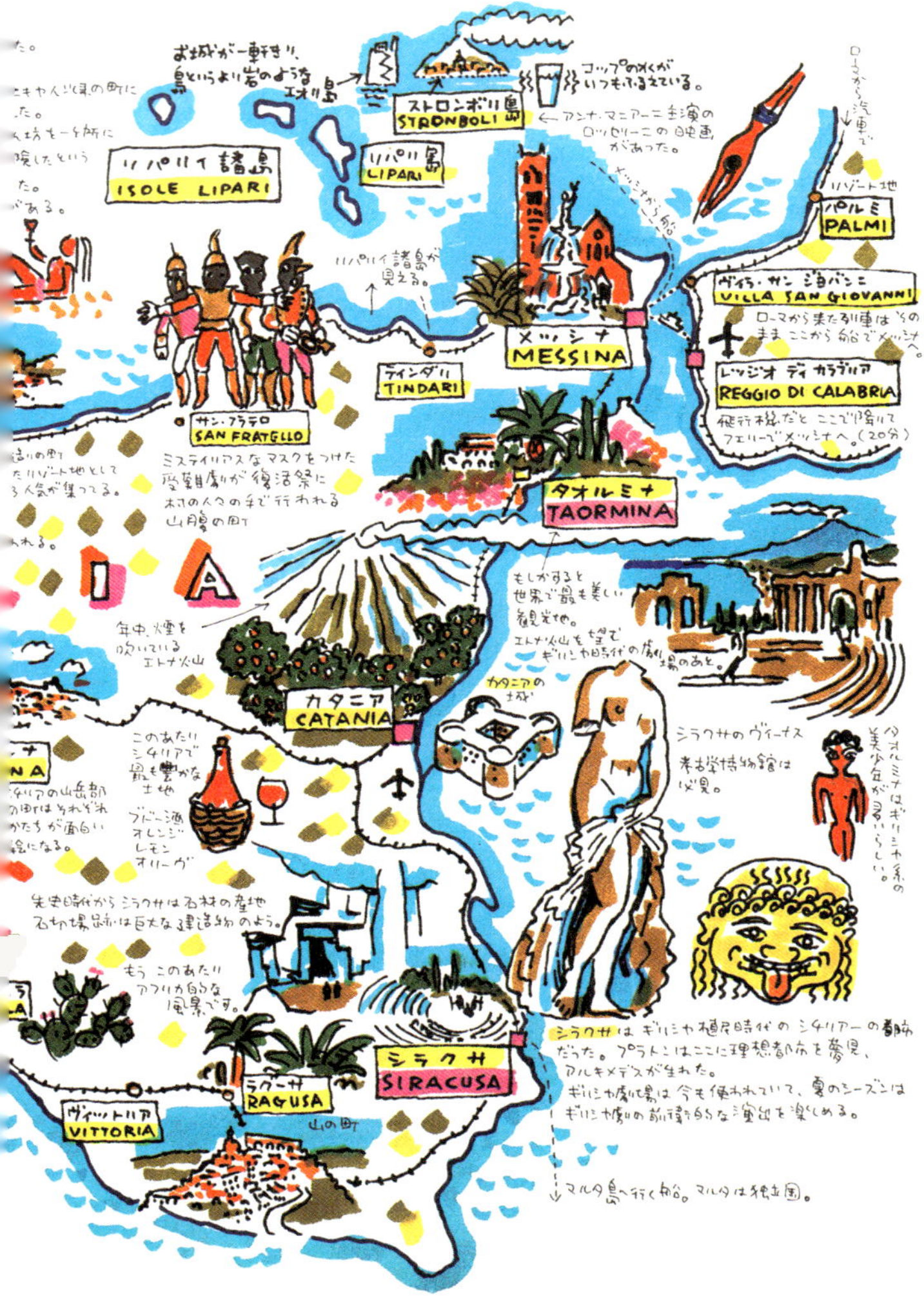

お城が一軒きり。
島というより岩のような
エオリ島
ストロンボリ島
STRONBOLI
コップの水がいつもふるえている。
←アンナ・マニアーニ主演のロッセリーニの映画があった。
リパリ諸島
ISOLE LIPARI
リパリ島
LIPARI
ローマから汽車で
リゾート地
パルミ
PALMI
メッシナから船
リパリ諸島が見える。
ヴィラ・サン・ジョバンニ
VILLA SAN GIOVANNI
ローマから来た列車はそのまま ここから船でメッシナへ。
メッシナ
MESSINA
ティンダリ
TINDARI
レッジオ ディ カラブリア
REGGIO DI CALABRIA
飛行機だと ここで降りて フェリーでメッシナへ。(20分)
サン・フラテロ
SAN FRATELLO
ミステイリアスなマスクをつけた受難劇が復活祭に村の人々の手で行われる山腹の町
タオルミナ
TAORMINA
もしかすると世界で最も美しい観光地。
エトナ火山を望むギリシャ時代の劇場のあと。
年中、煙を吹いている エトナ火山
カタニア
CATANIA
カタニアの城
シラクサのヴィーナス
考古学博物館は必見。
タオルミナはギリシャ系の美少年が多いらしい。
このあたりシチリアで最も豊かな土地
ブドー酒 オレンジ レモン オリーヴ
先史時代からシラクサは石材の産地
石切場跡は巨大な建造物のよう。
もうこのあたりアフリカ的な風景です。
シラクサ
SIRACUSA
ラグーサ
RAGUSA
ヴィットリア
VITTORIA
山の町
シラクサはギリシャ植民時代のシチリアーの都市だった。プラトンはここに理想都市を夢見、アルキメデスが生れた。ギリシャ劇場は今も使われていて、夏のシーズンはギリシャ劇の前衛的な演出を楽しめる。
マルタ島へ行く船。マルタは独立国。

パレルモのマーク 太陽に足がでて走ってる。
シチリア名物の きらびやかな馬車。とくにパレルモの
街では 別に観光用というのでなしに
皆がちょっとした近くに行くのに使っている。
生きている民芸品。
武者絵が描いてある。
コンカドーロ
金の貝というのもパレルモの
地中海の真珠のように美
フリドゥリッヒ一世像
* ヴァイキングがこの地を征服
アラブ、ノルマン、ローマ 東西世
フリドゥリッヒ一世は科学者で、い
集めて、人間が最初に何言
その当時から動物園があり
町には ローマ風、ノルマン風
バゲリアには ゲーテも訪れ
怪物の館がある。自分よりも
ばかりで飾り立てたという。
鏡がひとつもない。
よほどみにくい領主が
たてたも
パレルモ
PALERMO
バゲリア
BAGHELIA
リゾート地帯
トラパーニ
TRAPANI
モンレアーレ
MONREALE
10世紀からの
カテドラルが
巨大。
モザイクが有名。
セジェスタ
SEGESTA
アルカモ
ALCAMO
マルサラ
MARSALA
台地にある
ギリシャ神殿
カステルヴェトラーノ
CASTELVETRANO
ここで乗換えてシアッカ方面へ
セリナンテ
SELINANTE
セリナンテのギリシャ都市の跡
カルタニセッタ
CALTANISSETTA
シアッカ
SCIACCA
城壁で囲まれた中世
の都市。お祭りが盛んだ
と聞いたが、見なかった。
アグリジェント
AGRIGENTO
ギリシャ都市の跡。
最も完全に近い
パルテノンが
残っている。
リカタ
LICATA

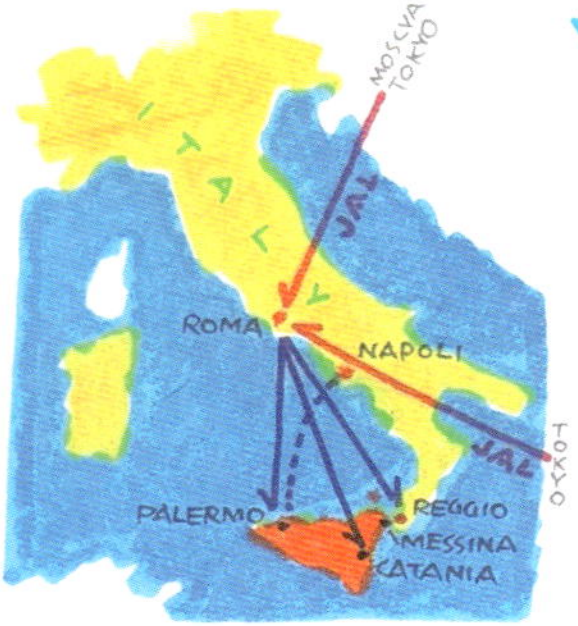
MOSCVA
TOKYO
ITALY
JAL
ROMA
NAPOLI
TOKYO
JAL
PALERMO
REGGIO
MESSINA
CATANIA

す。というのはミシュランのガイドでわざわざ寄る価値ありの＊印の店が二軒もある。ローマでも一軒、ナポリにはなしというランクだから、フランス人の舌とは違うと分ってても試したくなります。

早速、ホテルの近くのピッポ・ヌンナーリへ。モダンな建物の一階で、小綺麗だが変哲もない店で、知らなきゃ素通りしてたところ。推薦の料理は、Maccheroncini freschi al pomodoro e melanzane と Involtini di pesce spada o alla ghiotta で、やたら長い名。マケロンチーニというパスタとインボルチーニ料理が得意らしい。チーニと付くと小型のことか、インボル……の方は肉の炭焼きもありましたが、魚の方を選んだのです。

このあたりの白ワインを飲むうち、ゴムホースのブツ切りに粉チーズとスーゴ（トマトソース）をからめた山のような皿がきた。マカロニは中が空《から》だと安心できなくて、ついチーズを沢山からめてしまい、お腹がはる。次の料理が食べられなくなるので半分残す。

そーら！　次はいかにもフランス人好みの胃にもたれそうな、白身の魚をシューマイの大きいの位に丸めたクリーム煮がでてきた。二、三個でいいのが一〇もあって半分でダウン。お前さん何しに来たの？　という顔をされた（今思い出すと残してきたのを全部食べたい！）。

パンパンになったお腹をなでなで、食後酒のグラッパをやってると、いつしか自分がまるで常連客《なじみ》だったようにくつろいでいる。これがイタリアの味です。

ここでなくてもたいてい食べ物はうまくて安いから有難い。のっけから食べる話でしたが、イタリアほど、どこを見て回っても面白い国はなくて、その国民が生きる喜びの第一を食べることに置いていて、我々の口に合うという安心感は旅を楽しくします。そして旅を重ねるごとに南の方が好きになってきます。

豊かな北イタリアはそれだけ騒々しい。名だたる名所は何を見るにもシーズンは行列。シチリアの美しさは古代から世界にとどろいているのに観光客であふれ返るようなことはないようです。

シチリアはまだ二度目で、初めは家族と正月をナポリで迎えたあと、船で一泊する便でパレルモに渡りました。ゲーテは行くか行くまいかと思案したあげく船酔いをしています。僕は海上の日の出を見てて風邪を引いたけど今日の船旅は快適でした。

回ったシチリア南岸はアフリカからの乾いた風でたいしたものが育たず貧しい地方でした。

今回はローマ時代からレジャー地として知られた東海岸で、シラクーサはギリシャ最初の植民都市、プラトンは数度訪れて理想都市の夢をそこに結んでいます。

碧い海と涼しい海風、オリーヴ、レモン、オレンジ、ブドウの豊かな実り、絶えない花々、風光の美しさに加えてフェニキア、アフリカの血が混じったここは美女美男の産地としても名高いようです。

タオルミナに第一次大戦後、退役したグローデン男爵が性の偏見のない時代の残影を求めて訪れ、ギリシャ的趣向の美少年のヌードを撮りためて亡くなり、その作品は近年写真集となってセンセーションを起したりしました。

次はじゃあ、タオルミナの世紀末的ホテルに泊まってみよう。

タオルミナ　ギリシャ系美少年の産地

タオルミナが、ギリシャ系美少年の産地たるゆえんは、スーヴニールで見る美少年、美少女のセピア色に変色した、第一次世界大戦後に撮られたという、古い写真によくあらわれている……。

エトナ火山はヨーロッパの火山では最も高く三三七四メートル。巨大な乳房にたとえられた。噴火の時の熱い乳は、裾の村を焼きこがす。信心深い娘の家だけ溶岩がよけて通ったとかの奇蹟物語が今も生れている。

そんな危ない地域でもシチリアで最も豊かな土地で、海岸から順にオレンジ、レモン、オリーヴ、ブドウがたわわに実り、ブドウ畑は標高一〇〇〇メートル地帯まである。

エトナ火山をバックにした古代の円形劇場があるタオルミナは紀元前四世紀に建てられた古い都市だった。今は劇場跡を残した小さな保養地で、僕が泊まったホテル・ティメオはその劇場の下だった。

グローデン男爵もここに泊まっただろう。プールがないからリゾートホテルとしては旧式で、時代ばなれした大きなサロンがいくつもあり、広いテラスに腰かけて酒を頼むと、しつけのいい色男のボーイが遠くの方からカンパリ・ロックをうやうやしく運んでくる。シーズンオフだったから良かったのかも知れない。石畳の細い路地が魅力的な山腹の町は土産物屋ばかりで、盛りはモンマルトルのように観光客でごった返すらしい。

あちこちの店にシチリア名物の人形劇の人形やら飾り立てた馬車の玩具などに混じってセピア色の美少女、美少年の写真が並んでいる。

第一次大戦後、退役したドイツのグローデン男爵が性の偏見のなかった時代の残影を求めてここに滞在し、ギリシャ的趣向で男のヌードを撮りためて世を去った。当時は決死的で、すっかりうずもれていたのが近年写真集になって評判となるや、もうヨボヨボのじいさんたちが俺も撮られた、としまってあった写真が沢山でてきた。

古来、美形の産地としての評価は決定的となり、今やタオルミナの新しいスーヴニールになった。

イタリアの観光シーズンは五月から一〇

TAORMINA'12

月で、混む。シチリアの田舎は平気だが、シチリアへ来たら寄らずに帰るなといわれるタオルミナは住民より外国人の方が多くなってしまう。それじゃあつまらないからやめたいのだが、この時期でないと美味しいレストランが店を閉めてしまう。で、シーズンの始めか終りをねらうことになる。

ホテルの食堂の味はだいぶフランス風になっている。土地の美味は海ぞいの小さな村にあって、ケーブルカーで降りた海水浴場のマザーロで新鮮な焼き魚でも食べた方がいい。「ペスカトーレ」は湘南の小さな湾でも見下ろすような場所にあり、驚くほどうまかった。山を歩いて下りて、浜で肌を焼いたりしたあとだったからかも知れないが、エトナの裾でとれた白ワインの冷えたのがノドに心地よく、アンティパスタのタコが甘く、そしてアサリのスパゲティが、ゆで方といい、全体のトロミといい、少し塩が強めのところといい、素っ気なくてしかも満ち足りてくるうまさといい、こんなに美味しくていいのだろうかとふるえながら食べた。

イタリア料理は、そう言っては悪いがアンティパスタ（前菜）とパスタが狂おしいほど美味しくてメインはどうでもいい、なくてもいい。獲れたての魚でも、ああ乾いたとこに並べちゃ生干しに近くなる。

来週行くシラクーサはプラトンが「シラクーサ人は日に二度もごちそうを食らっている」と怒ったところ。当時としては異常に食におごりをかけた繁栄都市で、今もその伝統が残っているわけではないが、シラクーサ風スパゲティというのは、アンチョビをでんぶのようにしたのを、たきあげたアツアツのスパゲティにからませたから、味のきいた奴で、これはうまい。

シラクーサの恥じらうアフロディーテ

シラクーサという語感から、野の景色が浮かぶ。乾いた風にゆれている、すぐドライフラワーになりそうな可憐な花々。風はまた、波の泡から生れたアフロディテが腰に巻いた布を、船の帆のようにふくらませる。

カターニアからの列車が碧い海に切り立つ崖っぷちにくると、白い船のようなオルティージャ島が見える。シラクーサの町はこの島と、陸側のアクラディナの丘に分れている。シチリア全体が白い岩でできていそうだが、特にアクラディナの丘は古代から良質の採石場だった。

設計した建物の容積を出し、材料の石を要領よく切って形を整える微積分の原理は、ここに生れたアルキメデスが発見した。

近代的な町の中にぽっかりくぼんだ採石場があって、石を切り出した洞穴が残っている。規模の大きさと、幾何学的な空間の不思議な美しさに驚かされる。

最大の洞穴は石を運ぶ縄をなう工場でもあった「縄ない職人の洞窟」で、これもまた見事な、人間のネガティブな建造物だ。

ディオニュソスの耳と呼ばれる洞は、幅四メートル、高さ三〇メートルのアーチ形で、渦巻きのように奥深くカーブしてるので進んで行くと入口が見えなくなる。先細りの天井に小さな穴が地上に通じているらしく、巨人の耳の中に入った親指小僧みたいな気分になる。

実は紀元前五世紀に政治犯の牢に使われて、疑い深い王のディオニュソス一世が囚人の話す声を上から盗聴したという話からこの名がついたのだった。

採石場に並んで古代ギリシャ劇場がある。客席に座ると舞台の上にシラクーサ湾が見える。ころがした小石が舞台に落ちる音が上に聞こえるほどで、今も夏の演劇祭に使われている。

近所を歩いていたら足元でかすかに水の流れる音がするので石の割れ目を探したら地下水がごうごう流れていた。落ちたら大変だ。どこに流れていくのか。

オルティージャ島は城塞のように古い家並の町をの

せている。細い石畳の道を迷い歩いていると、こつぜんと大寺院のある広場に出たり、洗濯物のひらめく裏町の広場にまよい込んだりする。

　ドゥオーモ広場の古い館は小規模の考古学博物館だが、目当ては「ミロのヴィーナス」と並ぶ女性像の傑作、「シラクーサのアフロディーテ」（ヴィーナスのギリシャ名）がある。

　彼女は束ねた布でセックスを、右手で乳房をかくした恥じらいを見せている。海の風が布を帆のようにふくらませて美しい脚を見せる。布のつくるボリュームが、せばめた両脚の不安定さを補って、全体の形を堂々とさせている。後ろは布が落ちて立派なお尻が丸見え、おまけに乳をかくしていた右手がもげてしまったから、美しいところは全部出てしまったわけで、頭部が欠けているが、この方がいい。

あまり古典的に整った顔がついていたりすると退屈だからだ。

いずれにしてもギリシャ植民都市の中で景気のよかったシラクーサだからこそ生れた、明るいエロティシズムだ。

ここに理想都市の構想を夢見て訪れたプラトンはシラクーサ人の享楽的な生活に呆れている。

「日に三度もぜいたくな料理を飽きるまで食べ、夜は決して一人で寝ない……」と。

当時の繁栄をしのぶもののない町なのに、夕刻、シラクーサ湾にのぞむフォロ・イタリコ（古代イタリア人通り）の遊歩道に灯がつくと、町は魔法で大金持ちになった漁師のような賑わいになる。湾に停泊している大小の船のマストや窓の灯が水面にゆれ映る中を、町じゅうの人々が出て来て散策するのだった。アイスクリームやら、おにぎりのフライなどの屋台が出た下町情緒シチリア版。

この海岸通りの突き当りに、海面と同じ高さに清らかな真水の湧き出ているアレトゥサの泉があり、パピルスが繁っている。

その名は、恋を嫌った女神アルテミスの侍女《ニンフ》アレトゥサの伝説からで、彼女に恋こがれた河の神アルペイオスから逃れるために、姿を女神の手で泉に変えてもらった。河の神は自分の水をその泉に注ぎつづけているという。

これもシラクーサらしい色っぽい話だ。すると、丘のギリシャ劇場の脇の流れは、地下を流れるというアルペイオス河だったのかも知れないぞ。

トスカナ　ルネッサンスの花園　フィレンツェ

いずこも面白く、食べ物の美味しいイタリアですが、やはり何度でも訪ねたいのがキャンティワインで名高いトスカナ地方で、ルネッサンス期にフィレンツェ、ピサ、シエナの三国が栄えたところです。

まずフィレンツェを訪ねましょう。旧名フィオレンツァ、すなわち花の都、ルネッサンスはここに生れ、その芸術の花々で飾られた。武勇伝中の人物のような芸術家たち……。かくも見事に生を燃焼させた人々は老い、去って、しっとりした町並が残る。それでもこの町ほど、ある時代のドキドキした息吹きを感じさせるところはありません。

ピッティの丘から、赤瓦の海に雪のように白いドゥオーモが浮かんで見える。民主国家フィレンツェ市民はこの「サンタ・マリア・デル・フィオーレ（花の聖母マリア寺院）」の建設にこぞって情熱を捧げた。カンパニーレ（鐘楼）の塔はジョットの設計、本寺の円屋根はギベルティのプランで、それまでの林の中のようなゴシック寺院の内部に比べるとまるで広場のような空間が実現した。そうした模型は一四一八年から三一年まで広場に公開されて市民の誰もが意見を出しあえた。

前世紀に流行ったペストがフィレンツェに資本を与えたという。死は貧富の別なく猛威

をふるい、死んだ者の財産が市や銀行の管理となったから。遺産をハエに贈った金持ちの話がある。ハエだけが死者を見捨てなかったという理由だ。騒ぎが収まった時、貧しい者は相変わらずだったが、〝脂ぎった市民《ポポロ・グラッソ》〟はさらに豊かになっていた。

銀行家メディチが政治に乗り出しシニョリーアになって独裁する。成り上がり者は威勢を誇示するため取巻きを必要として、それが各地から集った芸術家たちだった。彼等も堂々と張り合っていたが、権力者が美の保護者であると同時にその反対でもあったのは、ドゥオーモのファサードの建造にボッティチェリなど二九もの応募設計があったのに、ロレンツォ・メディチが一四八七年にすべて否決したまま放ったらかしたのでも分る。美術行政はだんだん市民のものでなくなり（何とドゥオーモの前面は一九世紀の終りまで何もなかった）、メディチ家が国ごと破産させてしまった時、芸術家たちはフィレンツェを離れる。

ルネッサンスを生んだ都の栄華はわずか一〇〇年に満たなかった。

ロッセリーニの映画「戦火のかなた」では、このピッティの丘に連合軍の陣地があって、望遠鏡で町を眺めている観光客のような英軍の将校とは対照的に、興奮したイタリア人の男女が、市街戦たけなわの中をパルチザンに連絡に行く。アルノ河にかかるポンテ・ヴェッキオからウフィッツィの画廊づたいに抜けられるのを知った。窓から見下ろすと武装したドイツ兵が三人、人気《ひとけ》のない路を歩いているショット。

それがここだな、と今は花売りが並ぶウフィッツィの二つの建物にはさまれた路で思い出す。この建物は「ルネッサンス美術家列伝」を書いたヴァザーリが設計した。この本は見てきたようなウソも多いが時代の雰囲気をよく伝える。

生存そのものの法則以外ない時代の芸術家は武勇伝中の人物だ。ラファエロも盛時は五〇人の剣を下げた弟子を従えて歩いていた。師匠の悪口でもいう奴がいたらチャンバラになったのだから、まるでロミオとジュリエット劇だ。

そうした時代のざわめきが聞こえるような気がするのがシニョリーア広場のロッジァで、市庁舎前のダヴィデ像は何という不機嫌な

顔だろう、刺すような限差しは、自由の名も今はないフィレンツェに向けられている。虚飾、陰謀、暗殺の末にロレンツォが死に、ドメニコ僧サヴォナローラが立って虚栄品の焼却を行い、その彼も同じ広場で火刑に果てたのが一四九八年、三年後の一五〇一年にローマからもどったミケランジェロはダヴィデ像をつくって、その後、故郷フィレンツェを去る。そして、法王パウルス三世のローマで「最後の審判」を描く。ルネッサンス美術は腐植土に金肥で最後の花を咲かせたが、彼にはもう地上の欲はなかった。

ピサ

ピサはフィレンツェから電車でアルノ河をくだって一時間。海が近い感じがする明るい町で、駅からまっすぐ北へ、幅広くなったアルノ河を渡った町はずれに名高い斜塔のあるドゥオーモ広場があります。

広場は一面の芝生なので、緑のラシャに象牙のチェス駒を並べたように三つの幾何学的な建物が建っています。鈴のようなのが洗礼堂、十字形のが本寺、その後ろに円筒のカンパニーレがあり、これが斜めになって破調をつくっています。

この塔は一一七三年の建て始めの時から傾き始め、少しずつ修正しながら一三五〇年に完成した時は最上層の鐘をつるす部分は垂直だったらしいのですが、それも今は傾いている。高所恐怖症ではないつもりだけど、この塔の外側回廊に手すりがついてないのは不安です。傾きの高い側は何とか壁にもたれていれば心配ないに

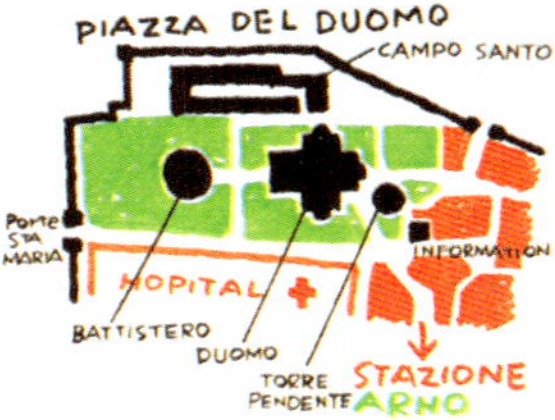

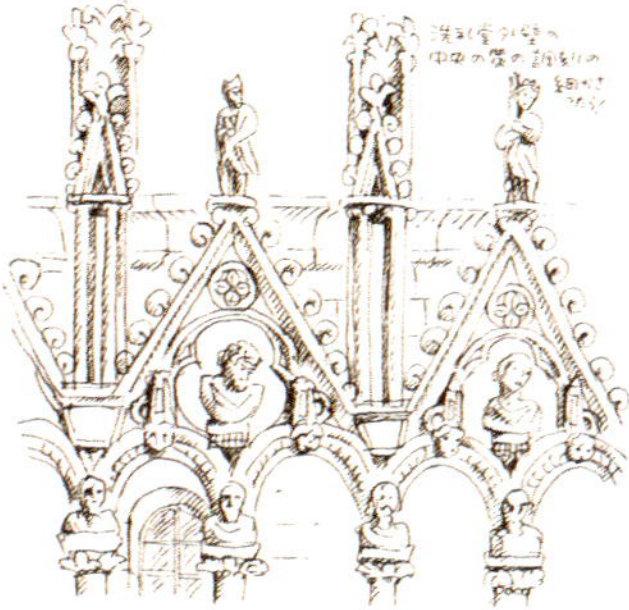

しても、下がっている方は床がツルツルの大理石ですからね。でも内部のらせん階段を昇って最上層に行けば手すり付きで安心して周りを眺められます。ガリレイがここから地球引力の法則の実験をしたのを子供の時から知っているので、遠足にきたみたいにまず昇りましたが、本寺と洗礼堂の建築美にあらためて感心する。

本寺は一一世紀に建てられたラテン十字と呼ばれる典型で、火災にあってルネッサンスの最盛期に今の大理石の姿に改造され、黒と色大理のストライプが実にしゃれていて、古くからあった扉の浮彫りはボナンノ・ピサーノの単純でダイナミックな図柄のキリストの生涯、フィレンツェの洗礼堂扉もピサのようなものをほしくて造られたのだし、ここにあるサイの姿はデューラーが模写して帰国したらしい。

さらに精緻なのは礼拝堂で、帯のように巻かれた中央部のゴシック風柱列にはよく見ると沢山の聖像が彫られていて、しかも全体の姿は重厚です。

カララの大理石の採れるところが近くなので、ふんだんに白大理を使えてこうしたものが造られたのでしょうが、本当いうと、僕はピサのこの光景は好きではないのです。タジ・マハールもそうだけど、美しいと思いながら、それはあまりにも死の静けさに近いと感じてしまう。同じ大理石でしか造れない世界でも、ギリシャの神殿では感じなかったことなのです。全体の量感はあるのに細工の精巧さが何か骨の精巧さにダブるのか、やはりこの芝生のキレイさが白いものを墓に見せるのでしょうね。

北側にある低い窓なしの塀は納骨堂で、入ると戦災でいたんでしまったが、リストにインスピレーションを与えて「死の舞踏」を書かせたという「死の勝利」のフレスコ画があります。天国の光景もあったと思いますが地獄図絵の方が印象に残っていて、いつもは面白がってこういうものを見るのにここではおそろしくなる。外の陽に当ると生き返った気分。西陽が差してきてますます輝きをましたドゥオーモの前の芝生では子供たちがサッカーをしたり、お年寄りがベンチに集まってきたりしていた。

ピサの北東、バスで半時間の丘にルッカがある。ここもビザンティンロマネスクの寺院が沢山ある町で、町全体はすっぽり城壁でかこまれている中世風の町です。ピサと違って観光地でもないので町の通りも暗くてペンションを探すのに一苦労しますが、ローマ時代のコロッセウムを使った円形の広場があったりしてタイクツしない。イタリアはこうした町がいい。プッチーニが生まれました。

SAN MICHELE : LUCCA

フィレンツェの五日

●第一日目

まず街を歩いてルネッサンスの息吹を吸い込みましょう。鉄道で着いたのなら、駅に荷物を預けて途中で気に入ったペンションを決めればいい。学生が多く集まる町なので沢山あります。駅近くならサンタ・マリア・ノヴェッラの広場の周り、アルノ左岸ならポンテ・ヴェッキオを渡ったあたり。さてスタートはドゥオーモの広場。

　ドゥオーモ、鐘楼、サンジョヴァンニ洗礼堂、付属美術館、広場南側の古い家並みの狭い通り

＊シニョリア広場は今日でもルネッサンスのざわめきを聞く思いがする
LOGGIA DI LANZIは当時からの彫刻品評会場
CINZANO

★★★ **DUOMO**

ドゥオモ SANTA MARIA DEL FIORE《花の聖母マリア寺院》
円屋根はギベルティの作 1436年.
★★★ ウッチェロ．カスターニョのフレスコ　ドナテロの「受胎告知」ミケランジェロ「ピエタ」

鐘楼 CAMPANILE　ジオットの設計．白、桃色、濃青の大理石の縞！

サン・ジョヴァンニ洗礼堂 BATTISTERO
★★★ 3つの入口の扉に金のレリーフ　ギベルティ作（本物は国立美術館に）
内部のモザイックは13世紀 床の動物たちも面白い ★★ドナテルロ「マグダラのマリア」
＊ダンテもここで洗礼を受けた 今日でも市民の多くが洗礼を受けている．

美術館 MUSEO DELL'OPERA DI S. MARIA DEL FIORE
★ 宝物・宗教儀式用の美術品　ドナテルロ

★★ SANTA MARIA NOVELLA

サンタ マリア ノヴェラ

白黒の大理石の前面はフィレンツエで最も美しい建物のひとつ、13世紀。
すらりとした塔はミケランジェロが「我がフィアンセ」と呼んで愛した。

★★★ ギルランダイオ、マサッチオ、ウッチエロ「ノアの箱舟」などの壁画
ブルネレスキの木彫の十字架像

★★ フイリッポ ストロッツイ礼拝堂
フイリッピノ・リッピの壁画

＊サンタ マリア
ノヴェラの正面
特に夕陽の
側面からさしたときの影！

アルベルティ設計

★★PAL.E MUSEO DEL BARGELLO

バルジェロ国立美術館

昔は 牢獄として使われていた 荒けずりの石の館
中世／ルネッサンスのイタリア美術、彫刻の名品と文化史資料

★★★ しなやかな少年の姿をしたドナテルロの「ダビデ」「サン ジオルジュ」
神経質なヴェロッキオの「ダビデ」

★★ サン・ジョバンニ洗礼堂の扉
のレリーフ、ギベルティ作と
ブルネレスキ作の両方がある。

ヴェロッキオ　ドナテルロ

コルソを南へ↓ダンテの家↓オルサンミケーレ↓シニョリーア広場、サヴォナローラ火刑跡のネプチューンの泉、塔を持った城のような優雅なヴェッキオ館、彫刻群のあるロッジア、ルネッサンスのざわめきを聞くような広場のカフェでカンパリでも飲んでから、ウフィツィの建物のあいだを

＊ウフィッツィでは
あまり好きでない
絵をあげた方が
早い
どーも好きになれないのが
カラヴァジョの「バッカス」

★★★ GALLERIA DEGLI UFFIZI ウフィッツイ 美術館

メディチ家のコレクションを中心にした、ルネッサンス美術の最も重要なコレクションを誇る

★★★ ボッチチェリの「ヴィーナスの誕生」「春」 レオナルド・ダ・ヴィンチの 「博士礼拝」 チシアン「ヴィーナス」

★★★ シモーヌ・マルチーニ「受胎告知」 ウッチエロ「サン・ロマーノの戦い」 フイリッピノ・リッピ「聖母子」 ジオット「玉座の聖

★★ チマブエ・ジオット・デュッチオ・マサッチオ・フラ・アンジェリコ・ピエロ デラ フランチェスカ
ヴァンデル ウェイデン メムリンク・ペルジーノ・シニョレリ クラナッハ デューラー ベルリーニ ジオルジオーネ

通ってポンテ・ヴェッキオへ、アルノ河を渡った地区には安くて美味しい店があります。川辺のテラスがある店は少し観光客用で高くて不味いけど、初日はこうしたところでいいでしょう。

午後は、またシニョリーア広場にもどってヴェッキオ館内部見物↓ロッジァ・デル・メルカータヌォヴォの市場↓レプッブリカ広場。

●第二日目

美術館巡り、先に二時に閉めてしまう方を見る。ウフィツィは七時までやっていますから、昼食はサンドイッチ屋で立食いです。サンタ・マリア・ノヴェッラ↓バディアの塔↓バルジェロ国立美術館↓ウフィツィ美術館。大満足、夕食はハリーズ・バー

SAN MARCO

★★★ サンマルコ修道院・美術館
MUSEO＝9－14h（日曜13h）月曜は休み

★★★ フラ・アンジェリコ「受胎告知」 宿坊の一部屋ごとにフラ・アンジェリコのフレスコが描かれている
★★ ギルランダイオ「最後の晩さん」

ACADEMIA GALLERIA DELL'ACCADEMIA

★★★ アカデミア附属美術館 9－14h（日曜13h）月曜は休み
★★★ ミケランジェロの「ダヴィデ」の実物はここにある。「奴れい」の習作など「ピエタ」「勝利」 / ★★ 13～14世紀トスカナ派の絵

★ サンタポロニア修道院 CENACOLO DI SANT'APOLLONIA
カスターニョの「最後の晩さん」

フラアンジェリコ「受胎告知」の画家と言っていい

＊知らない人はいない
くらいのラファエロの小椅子の
聖母子像は
ピッティ館の
GALERIE PALATINE

★★PALAZZO PITTI
ピッティ館
ブルネレスキの設計、枢機卿レオポルド、カルロ・デ・メディチ
フェルディナンド大公のコレクションを元にしたピッティ画廊
イタリア絵画、ラファエロ、チチアン、ジォルジオーネの他
デューラー、ルーベンス、ファン・ダイク、レンブラントなど500点
★アルジェンティ美術館は工芸美術、東洋の陶磁器もある
★近代美術館は18世紀以後、現代までの作品
★★ボボリ庭園 GIARDINO DI BOBOLI
ルネサンス式の典型　模造の洞くつなどバロック風のものも多い

でもおごりたくなる。アルノ右岸を下ったところにある高級店ですが五〜六千円位でしょう。タリエリーニとカルパッチョ（牛肉のおさしみ）はどうでしょう。ヴィーノはキャンティです。

●第三日目

フラ・アンジェリコに会いにサンマルコ修道院の美術館↓アカデミア美術館のミケランジェロのダヴィデ↓サンティッシマ・アンヌンツィアータのフラ・アンジェリコ↓考古学博物館↓メディチ・リッカルディ館↓サン・ロレンツォのメディチ家の墓所、ミケランジエロの彫刻。

●第四日目

アルノ左岸、ピッティ宮殿のパラティーナ

美術館、アルジェンティ美術館を見て庭園へ、要塞の丘からフィレンツェの町がよく見えます。お弁当をひろげる。午後はサント・スピリト教会→サンタ・マリア・デル・カルミネ教会のマサッチォのフレスコ→旧城壁あたりから折り返してアルノ河岸を戻り、この辺の店 Mamma Gina などでイタリア式家庭料理を味わいましょう。

●第五日目

サンタ・クローチェ聖堂、バスかタクシーで左岸のサンミニアートの丘へ→コッリの散歩道 passeggiata ai Colli をピアッツァーレ・ミケランジェロへ、フィレンツェとアルノ河が一望、更に一段高いサンミニアート・アル・モンテ、静かですがすがしい印象がいい思い出になります。帰りは聖堂前の長い階段を下り、職人町を通ってポンテ・ヴェッキオの美しい日没の中へ。

単行本によせて

堀内路子
（堀内誠一・妻）

四六時中、堀内の頭のスミには、次の旅へのいくつかの計画があったようです。二度目の入院の前も相当辛い状態でしたのに、秋には北京に行きましょうよと話してましたし、仕事場のトイレにはバリ島案内が置いてありました。

この「空とぶ絨緞」は、各地の観光局や航空会社とタイアップしての取材が多かったのですが、単独で他人の迷惑にならないような時には、自費を足して可能な限り家族をつれて行ってくれました。旅の計画は地図を描きながらねられていきました。ロンドンのチャリング・クロスの古本屋で買った〝ブリタニカのアトラス〟と〝トーマス・クックの時刻表〟が座右の書でした。初めての土地でも見知ってるようにスタスタと歩き出し、いくら地図を見ても現実の町と重ならない私には驚異でしたが、堀内からみれば、分らない方が怒りたくなる位理解に苦しむことでした。行ったところの道はよく覚えていて、何年も前に、一度行った美味しい店の地図を今度行くという人に、変わっていなければと描いてあげたりしてました。旅行中、見るものがない時は、移動する乗物の中、駅や空港の待合室で実によく眠りました。アテネ空港のスチール製折りたたみ椅子が並んだ上に横になって寝ている堀内の姿を見て「スゴイネ、ぼくにはできないなあ」と澁澤さんが呆れました。それから写真は撮りましたが、メモしたりスケッチしたりという事はほとんどありませんでした。

ひとりになってしまい、一時は「もう旅は十分させてもらいました」という心境でしたが、残されたものを読み返していると、一緒に行ったところも行かなかったところも、全部たどってみたくなります。

一九八九年

文庫版によせて

堀内花子
（堀内誠一・長女）

本書は、父・堀内誠一が一九八一年八月から一九八三年一月まで雑誌「anan」に連載した「堀内誠一の空とぶ絨緞 Horiuchi's Flying Carpet」をまとめたものです。それまでの一年半、父は「anan」に「パリからの旅」と題した旅行記を連載していました。というのも、私たち家族四人は一九七四年から七年ほどパリ南郊外に暮らしていたからです。一九八〇年、日本の学校への進学を希望した娘たち二人が相次いで帰国したことにともない、その翌年、父と母はアパートを引き払い日本に帰国します。それがきっかけだったのでしょうか、連載はタイトルをかえ、旅先は「空とぶ絨緞」ならぬ飛行機を使ってのロシア、メキシコ、ギリシャ、中国などにひろがりました。掲載も見開き二ページとなり、イラストや得意の絵地図だけでなく、写真もふんだんに使ったものになります。

父は一九七〇年三月に創刊された「anan」のアートディレクターを四九号まで務めました。それまで日本にはなかった、ヴィジュアルを重視した女性向けグラビア雑誌の準備期間は、およそ二年。そのあいだ父が考えていたのは、かつてロバート・キャパが

「『LIFE』はぼくの空とぶ絨緞だった」と言ったような雑誌をつくることでした。そして生まれた「anan」は、提携誌だったフランスの「ELLE」から届く写真素材だけでなく、独自の海外ロケ（ときには国内ロケ）をふんだんにいかした誌面づくりで斬新かつ革新的と称されます。けれどなによりもわたしには、そんなファッションページには父が取材に同行していればもちろんのこと、同行していなくても、その土地の風土や風俗、文化を紹介したいという思いが込められていたように思います。

日本を離れて家族でパリ郊外に暮らしはじめた父の目的のひとつは、一家で旅をすることでした。わたしと妹が通っていたフランスの学校ではグランド・ヴァカンスと呼ばれる二ヶ月ほどに及ぶ夏休みのほかにも、一週間から数週間の休みがたびたびありましたので、父のあたまのなかにはつねに次の旅のことがあったようです。

旅の報告は逐一、友人知人たちに手紙で書き送っていましたが、とうとう「anan」の「パリからの旅」の連載が叶い、これでもかというほどパリからフランス各地（ときには近隣国）への旅の報告が、読者に向けてできるようになったのです。

ふたたび日本に拠点を移した父には、やがて航空会社または観光局からPR目的で編集部宛に提供される航空券がまわってくるようになったようです。もちろん「空とぶ絨緞」での掲載のために提供していただいたものもあったのですが、父からは「（編集部のだれも使わないので）もったいないから父さんが使うことにしたのよ」とも聞いています。忙しい編集スタッフを尻目に、「ぼくがいこうか？」とおそらくまっさきに手をあげていたのではないでしょうか。記事も写真もイラストもひとりで用意できる父に編集部もダメとは言わなかったのでしょう。そんな旅に、ときには母を、私たち娘を私費で連れていってくれました。

いまあらためて読み直すと、馴染みある西ヨーロッパの旅のエッセイと違い、未知の国については、出発前に懸命に勉強したあとがうかがえる解説調の文が冗長です。このほど『堀内誠一の空とぶ絨緞』を文庫化するにあたり、細かい書き文字とイラストが満載の絵地図のほとんどは、文庫サイズにあわせて部分的な使用とし、写真は割愛しました。

けれど、父がどれほど旅好きだったたか、そして旅先での発見と喜びをとにかく報告せずにいられなかったかが伝わる、てらいのない文章は、いま読んでもなかなかおもしろいと思うのです。

二〇二四年一一月

初出一覧

「anan」（1981年8月28日号～1983年1月7日号　マガジンハウス刊）に連載された「堀内誠一の空とぶ絨緞 Horiuchi's Flying Carpet」より。
以下のエッセイは初収録です（括弧内の数字は連載回です）。

中国・台湾
　仙境・桂林（第10回）
　フォルモサ　麗しの島　台湾（第25回）
　孫悟空的舞台（第26回）
　時間機械的中国体験　故宮博物院（第27回）
　台北遊覧記（第28回）

メキシコ
　イスラ・ムヘーレス（第46回）

イタリア　ふたたび
　フィレンツェの五日（第65回）

編集付記

一、本書は『堀内誠一の空とぶ絨緞』（マガジンハウス刊、1989年４月）を底本とし、改題・再編集したものです。
一、本文中で言及された国名・地名、施設、飲食店等の情報は執筆当時のものです。
一、本文中には今日の人権意識に照らして不適切と思われる表現が、またイラストの手書きの文字に一部誤字がありますが、作品の時代背景および著者が故人であることを考慮し、原文・原画のままとしました。

中公文庫

空《そら》とぶ絨毯《じゅうたん》

2025年1月25日　初版発行

著　者　堀《ほり》内《うち》誠《せい》一《いち》

発行者　安部順一

発行所　中央公論新社
〒100-8152　東京都千代田区大手町1-7-1
電話　販売 03-5299-1730　編集 03-5299-1890
URL https://www.chuko.co.jp/

ＤＴＰ　嵐下英治
印　刷　三晃印刷
製　本　小泉製本

Published by CHUOKORON-SHINSHA, INC.
Printed in Japan　ISBN978-4-12-207608-2 C1195

中公文庫既刊より

各書目の下段の数字はISBNコードです。978-4-12が省略してあります。

ほ-23-1
ここに住みたい
堀内誠一

絵本作家でアートディレクターの著者が描く旅の文と絵。パリの安宿料理からメキシコのお祭りまで、町歩きの楽しみがいっぱい！　オールカラーで初文庫化。

207263-3

い-35-19
イソップ株式会社
井上ひさし
和田誠 絵

夏休み。いなかですごす二人の姉弟のもとに、毎日届く父からの手紙には、一日一話の小さな「お話」が書かれていた。物語が生み出す、新しい家族の姿。

204985-7

わ-25-1
装丁物語
和田誠

絵を描き、文字を配し、用紙を選んで一冊を作り上げる。そのデザインの源泉は書物への深い愛着。星新一から村上春樹まで——惜しみなく披露する本作りの話。

206844-5

わ-25-2
ことばの波止場
和田誠

戦時中の替え歌、落語に訳詞。しりとり、回文、アナグラム。マザーグースにクマのプーさん。長年かけてこつこつ集めた、大人が楽しいことばの遊び。

206887-2

わ-25-3
青豆とうふ
和田誠
安西水丸

一つの時代を築いた二人のイラストレーターが、互いの文章と絵をしりとりのようにつないで紡いだエッセイ集。カラー画も満載！〈文庫版のあとがき〉村上春樹

207062-2

わ-25-4
旅の絵日記
和田誠
平野レミ

レミさん和田さんが息子二人と旅に出た。フランス・スペイン・モナコ・イタリアを巡った一九八九年の夏休み。たくさんの絵と愉快な文章に心はずむ旅の記録。

207159-9

わ-25-5
本漫画
和田誠

これぞ和田誠さんの真骨頂。古今東西の名画、物語、キャラクターが楽しい〈ひとコマ漫画〉の世界。カラー画も多数収録。目で見て読み解く「絵だけ」の本。

207266-4